白话精编
史记

[西汉] 司马迁 ⊙ 著

王正刚 ⊙ 编译

吉林出版集团
股份有限公司

图书在版编目(CIP)数据

白话精编史记 /（西汉）司马迁著；王正刚编译. —长春：吉林出版集团股份有限公司，2019.1
（读书会）
ISBN 978-7-5581-6215-2

Ⅰ.①白… Ⅱ.①司… ②王… Ⅲ.①中国历史－古代史－纪传体 Ⅳ.①K204.2

中国版本图书馆CIP数据核字（2018）第288254号

BAIHUA JINGBIAN SHIJI

白 话 精 编 史 记

作　　者：	（西汉）司马迁
编　　译：	王正刚
出版策划：	孙　昶
责任编辑：	金佳音
装帧设计：	罗　雷
出　　版：	吉林出版集团股份有限公司（www.jlpg.cn）
	（长春市人民大街4646号，邮政编码 130021）
发　　行：	吉林出版集团译文图书经营有限公司
	（http://shop34896900.taobao.com）
电　　话：	总编办　0431-85656961　　营销部　0431-85671728/85671730
制　　作：	日知图书（www.RZbook.com）
印　　刷：	文畅阁印刷有限公司
开　　本：	710毫米×1000毫米　1/16
印　　张：	16
字　　数：	220千字
版　　次：	2019年1月第1版
印　　次：	2019年1月第1次印刷
书　　号：	ISBN 978-7-5581-6215-2
定　　价：	49.00元

营销分类：历史

版权所有·侵权必究
本书若出现印装质量问题，请与我社联系调换
电话：（010）82021443

前言

　　被鲁迅先生誉为"史家之绝唱"的《史记》原名《太史公书》，包括十二本纪、十表、八书、三十世家、七十列传，共一百三十篇。它上起传说中的黄帝时代，下至汉武帝太初四年，全面地叙述了中国上古至汉初近三千年的政治、经济、文化等多方面的历史，是中国历史上第一部规模宏大、内容广博、结构周密、贯通古今的历史著作。《史记》的作者司马迁，字子长，他吸收了编年、纪事等体裁的长处，以本纪、表、书、世家、列传五体结构，创造了历史书籍的纪传体的新体裁。司马迁秉笔直书，既不溢美，也不苛求，本着还原历史真实面目的精神，不仅对封建统治阶级的黑暗腐朽进行了大胆的揭露，而且为社会各阶层形形色色的人物立传，将医生、学者、商贾、游侠、农民领袖等人物的传记，与帝王将相并于一书，颂扬了普通劳动人民的勤劳、勇敢、侠义等优秀品质，反映了不同阶级的真实历史动态。

《史记》还是一部优秀的文学作品。司马迁将历史与文学融为一体，运用洗练的笔法、娴熟的叙事技巧、精妙的结构安排，富有故事性与戏剧性的情节安排，塑造出大量性格鲜明的王侯将相、士人食客、刺客、游侠、名医、商贾、俳优等艺术形象，行文流畅，语言富于变化，其写作艺术给后世文学以丰富的借鉴源泉及深远的影响。

本书精选了《史记》中被后世广为流传、人们耳熟能详的经典篇章，白话翻译力求保持原书风格，遣词行文注重吸取原书纵横捭阖的自如文风，同时兼顾现代人的阅读习惯，让读者在轻松愉悦的氛围中读懂历史，读出智慧。

目录 白话精编史记 CONTENTS

本　纪
五帝本纪第一……………………………………… 1
周本纪第四………………………………………… 7
秦始皇本纪第六…………………………………… 13
项羽本纪第七……………………………………… 21
高祖本纪第八……………………………………… 31

世　家
齐太公世家第二…………………………………… 39
晋世家第九………………………………………… 46
越王勾践世家第十一……………………………… 52
孔子世家第十七…………………………………… 58
陈涉世家第十八…………………………………… 64
萧相国世家第二十三……………………………… 69
留侯世家第二十五………………………………… 74

列　传
管晏列传第二……………………………………… 80
老子韩非列传第三………………………………… 83

孙子吴起列传第五……………………………	87
伍子胥列传第六………………………………	92
商君列传第八…………………………………	97
苏秦列传第九…………………………………	103
张仪列传第十…………………………………	108
白起王翦列传第十三…………………………	114
孟尝君列传第十五……………………………	121
平原君虞卿列传第十六………………………	126
魏公子列传第十七……………………………	132
范雎蔡泽列传第十九…………………………	138
廉颇蔺相如列传第二十一……………………	146
屈原贾生列传第二十四………………………	152
吕不韦列传第二十五…………………………	157
刺客列传第二十六……………………………	162
李斯列传第二十七……………………………	170
淮阴侯列传第三十二…………………………	177
张释之冯唐列传第四十二……………………	184
李将军列传第四十九…………………………	189
卫将军骠骑列传第五十一……………………	195
司马相如列传第五十七………………………	203
酷吏列传第六十二……………………………	210
滑稽列传第六十六……………………………	218
太史公自序第七十……………………………	224

本纪 >>>

五帝本纪第一

《五帝本纪》为《史记》的开篇之作，记载了远古传说中相继为帝的五个部落首领——黄帝、颛顼、帝喾、尧、舜，以及战争、禅让、治洪水、战猛兽、开良田、推算历法、观测天文、谱制音乐舞蹈等众多先民生活的情况，可谓中华民族灿烂文化的开端。

◎ 轩辕黄帝

黄帝，是少典氏的后代，姓公孙，名叫轩辕，一生下来就很有灵异之气，出生不久就会说话，幼年时聪明懂礼，长大后诚实勤劳，成年后见闻广博，明辨是非。轩辕时代，炎帝神农氏的势力已经开始衰败，诸侯互相攻伐，残害百姓，而神农氏却没有能力去征讨他们。于是，轩辕整治军队，去征讨那些不来朝拜的诸侯，各诸侯这才都来归从。而蚩尤在各诸侯中最难降伏，没有人能去征讨他。炎帝想进攻欺压诸侯，因而诸侯都来归顺轩辕。于是，轩辕便实行德政，整顿军队，研究四时节气变化，种植五谷，安抚民众，丈量四方的土地，训练像熊、罴、貔、貅、貙、虎等猛兽一样的勇士，与炎帝在阪泉的郊野交战，三战后征服了炎帝，取得了胜利。而后，蚩尤发动叛乱，不听轩辕的命令，轩辕便征调诸侯的军队，与蚩尤在涿鹿郊野开战，终于擒获并杀死了他。这样，众诸侯都尊奉轩辕为天子，取代了神农氏，这就是黄帝。天下哪里有不归顺者，黄帝就前去征讨，所向披靡，开山通路，几乎从来没有在哪个地方安宁地居住过。

黄帝东到东海，登上了丸山和泰山；西到空桐，登上了鸡头山；南到长江，登上了熊山、湘山；往北驱逐了荤粥部族，与诸侯核验了符契，在涿鹿山的脚下广平之地建起了都邑。黄帝四处迁徙，没有固定的居所，以兵营围绕来防卫。其所封官职都用云来命名，军队号称云师。同时，又设置了左右大监，让他们来监察各诸侯国。黄帝获得上天赐给的宝鼎，观测太阳的运行，推算历法，预知节气时日。他任用风后、力牧、常先、大鸿等治理民众。黄帝顺应天地四时的规律，推测阴阳的变化，讲解生死的缘由，论说国家存与亡的道理，按照四时节气播种百谷草木，驯养鸟兽虫蛾，测定日月星辰以观象授时，身心耳目，饱受辛劳。

他做天子，有土这种祥瑞的征兆，因为土为黄色，所以号称黄帝。

◎ 颛顼征四方

黄帝有二十五个儿子，其中得姓的有十四人。黄帝居住在轩辕山，娶西陵氏的女儿为妻，这就是嫘祖。嫘祖是黄帝的正妃，生有两个儿子，他们的后代都领有天下：一个叫玄嚣，也就是青阳，居住在江水；另一个叫昌意，居住在若水。昌意娶了蜀山氏的女儿昌仆，生下了高阳，高阳很有贤德。黄帝死后被埋葬在桥山，他的孙子，也就是昌意的儿子高阳即帝位，这就是帝颛顼。颛顼沉静稳重又有智谋，通情而知事理。他种植各种庄稼，以充分利用地力，推算四时节令以顺应自然规律，依顺鬼神，制定礼义，理顺四时五行之气教化万民，洁净身心祭祀鬼神。他北到幽陵，南到交阯，西到流沙，东到蟠木，天下平定，太阳所照之处皆归顺。

贤德帝喾

颛顼死后，玄嚣的孙子高辛即位，这就是帝喾，他是黄帝的曾孙，颛顼的侄子。高辛生来就很有灵气，一出生就叫出了自己的名字。他广施恩泽于众人而不顾其自身。他耳聪目明，可以了解远处的情况，洞察事理的细微之处；顺应上天的意旨，解民之所急，仁德威严，温和守信，修养德业而使天下归服；他节俭地使用大地所产之物，抚爱万民，把各种有益的事教给他们；他推算日月的运行以定季节节气，尊显鬼神并且慎重地加以侍奉。帝喾恩德不偏不倚，像雨水浇灌农田一样遍及天下，日之所照，风之所至，没有人不顺从归服于他。

帝喾娶陈锋氏的女子，生下放勋；娶娵訾氏的女子，生下挚。帝喾死后，挚即帝位。帝挚登位后，并没有什么政绩，于是弟弟放勋登位。这就是帝尧。帝尧仁德、聪慧、富有却不骄傲，尊贵却不放纵。他能发扬善德，使各部族和睦融合，各诸侯邦国都能和谐相处。他命令羲氏与和氏，遵循上天的意旨，根据日月星辰的运行规律制定历法，教给民众从事生产的节令。一年有三百六十六天，用置闰月的办法把春夏秋冬四季调整准确。整顿百官，各项事业都兴旺发达。

尧舜禅让

天下大治后,尧开始考虑接班人的问题。他问属下们,谁可以继承他的事业。放齐说:"你的儿子丹朱是个明理通事的人,不错。"尧哼了一声:"这人凶顽愚笨,难堪大用,还有别的人选吗?"驩兜说:"共工手下有一批人,他也做出了不少成绩。"尧说:"你不知道,共工这人对上帝与君主外表恭敬,实际却极为轻慢,喜欢夸夸其谈,实际行动却违背正道,不可重用。"尧又问四岳:"哎呀,如今洪水滔天,百姓万分愁苦,大地一片沼泽,谁能来治理呢?"大家都推荐鲧。尧说:"鲧这个人,曾经违背天命,危害同族,怕不能用。"四岳说:"现在紧急关头就任用他试试吧,不行再撤掉。"尧因此让鲧来治洪水。鲧前前后后治了九年水却没有成功。

尧说:"唉!四岳啊,我治理天下已经七十年,你们谁能顺应天命,接替我呢?"四岳谦虚地推辞,推荐舜。舜是盲人的儿子,他的生父愚昧,后母奸诈,弟弟傲慢,但舜却能对父母尽孝,和兄弟友爱,使家庭和睦。尧说:"我亲自试试他。"他把两个女儿嫁给舜,以便观察他的德行。一段时间下来,尧认为舜做得很好,就让舜任司徒之职,教导百姓遵循父义、母慈、兄友、弟恭、子孝等种种伦理道德,效果很好。尧又让舜参与朝政,朝政因此变得有条不紊。让舜在国都四门接待宾客,远来的诸侯都相敬如宾。舜到丛林草泽里遇上暴风雨,却没有迷路误事。经过三年的种种考验,尧认为舜既聪明又品德高洁,就对他说:"三年来,你做事周密,有大功。现在我把帝位让给你。"舜认为自己德行不够,不愿接受帝位,推让再三才答应。正月初一,尧在文祖庙禅让帝位给舜。

尧说："我不能使天下人全都受害而只让一人得利。"尧的儿子丹朱无德无能，不配传他帝位，因此禅让帝位给舜。尧逝世了，舜服丧三年后，想把帝位再让给丹朱，自己躲到了南河南岸。但前来朝见的四方诸侯不找丹朱，都到舜这里来；有纷争的也不去找丹朱，都来找舜调解；歌颂功德的不歌颂丹朱，都歌颂舜，这真是天意难违啊。舜就又回到京都，登上天子之位。

禹、皋陶、契、后稷、伯夷、夔、龙、倕、益、彭祖等人，一直被尧任用，却一直没有相应的官职。于是，舜就与四岳商计，他们都说，要想行大德的事，就要疏远巧言令色的小人，这样，远方的外族就自然而然会来归服。舜说："有谁能努力奋发，光大尧的事业，我就唯才是举，授给他官职。禹，你来负责治水大事，一定要努力办好啊！弃，百姓正在挨饿受饥，你掌管农业教他们播种百谷吧。契，现在百姓不亲，纲常有乱，你担任司徒，小心宽厚地施行五伦教育。皋陶，蛮夷正在侵扰中原，抢劫杀人，无恶不作，你来担任司法官，执法要公正严明，才能使人信服。"舜又任命倕为共工，统领各种工匠；任命益为朕虞，管理山川草泽中的草木鸟兽；任命伯夷主管祭祀，任命夔掌管音乐，任命龙做纳言，传达舜的旨命，报告下情。分工完毕后，每三年考核一次功绩，经过三次考核，按照成绩升迁或贬黜。这些人个个功成名就：皋陶掌管刑罚，断案公正；伯夷主持礼仪，上下都谦恭礼让；倕主管百工，百工都能做好自己的工作；益主管山泽，山林湖泽都得到开发利用；弃负责农业，百谷丰盛；契掌管教化，百官亲善和睦。这样，各司其职，上下齐心，天下大治。

从黄帝到尧、舜、禹，虽都是同姓却立了不同的国号，目的是彰显他们各自光辉的德业。因此，黄帝号为有熊，帝颛顼号为高阳，帝喾号为高辛，帝尧号为陶唐，帝舜号为有虞。帝禹号为夏后，用不同的氏来区别，姓姒氏。契为商的始祖，姓子氏。弃为周的始祖，姓姬氏。

论　赞

太史公说：学者们都称述五帝，然而五帝的年代已经很久远了。《尚书》只记载着尧以来的史实；而各家叙说黄帝的文字并不规范，众多读书人也很难说得清楚。孔子传下来的《宰予问五帝德》及《帝系姓》，有的儒生也不传习。我曾经往西到过空桐，往北路过涿鹿，往东到过大海，往南到过长江、淮水，所到过的地方的老前辈们都谈到他们各自所听说的黄帝、尧、舜的事迹，风俗教化都有不同，总而言之，大体与古文经籍记载的说法相符合的较为可信。我研读了《春秋》《国语》，它们对《五帝德》《帝系姓》的阐释都很明确，只是人们都没有进行过深入考究，其实那些记述都不是虚妄之说。《尚书》已经残缺很长时间了，但很多散失的记载却常常可以从其他典籍中找到。如果不是好学深思，真正理解了它们的意思，那么想要向那些学识浅薄、孤陋寡闻的人说明白，肯定不是容易的事。我把这些材料进行评议编次，选择了那些很正确通畅的言辞记录下来，写成这篇本纪，列于全书的开头。

本纪 >>>

周本纪第四

周之初,天下朝宗、幅员辽阔,显示着强大的奴隶制王朝的面貌。文、武二王图治,成康盛世,厚民爱民,君臣协力,共成大业。而到厉王国人暴动的吼声,烽火台上美人放肆的笑,生生震摇了周王朝的江山。

周的先祖

周的始祖后稷,名叫弃。他的母亲姜原是有邰氏的女儿,也是帝喾的正妃。姜原到野外去,看见一个巨人的脚印,心里喜悦,就试着踩上去,一踩就觉得身子震动,像怀了孕似的,十个月后就生下一个儿子。姜原认为这孩子不吉利,就把他扔到了一个狭窄的小巷里,但牛马从他身边经过都绕着躲开而不踩他;把他扔到树林里,正赶上树林里人多,所以又挪了个地方;把他扔在渠沟的冰上,有飞鸟飞来用翅膀盖在他身上,垫在他身下。姜原觉得很神奇,就抱回来把他养大成人。由于开始想把他扔掉,所以就给他取名为弃。

弃小的时候,就有很远大的志向。他游戏的时候,喜欢种植豆、麻之类的庄稼,且都长得很茂盛。到他成人之后,就喜欢耕田种谷,经常仔细察看什么样的土地适宜种什么,适宜种庄稼的地方就在那里种植收获，民众都来向他学习。尧帝听说后，就让弃担任掌管农事的官，天下都得到他的好处，做出了很卓越的成绩。舜帝就把弃封在邰，号称后稷，并以姬为姓。历经几代，古公亶父即位。古公亶父重修后稷、公刘的大业，积累德行，普施仁义，国人都爱戴他。古公去世后，季历即位，这就是公季。公季学习古公的德业，努力施行仁义，诸侯都来归顺他。

文王图治

公季去世，儿子昌即位，这就是西伯。西伯也就是文王，他继承后稷、公刘的遗业，效法古公、公刘的做法，一心一意施行仁义，尊敬老人，对晚辈慈爱。对有才能的人谦下有礼，有时接待贤士到了中午都顾不上吃饭，士人因此都归附他。伯夷、叔齐住在孤竹国，听说西伯非常敬重老人，就一起归顺了他。太颠、闳夭、散宜生、鬻子、辛甲大夫等人都一起归顺了西伯。

崇侯虎向殷纣说西伯的坏话，他说："西伯积累善德，诸侯都归向他，这将对您大大不利呀！"于是，帝纣就把西伯囚禁在羑里。闳夭等人千方百计地找来有莘氏的美女、骊戎地区出产的彩色骏马、有熊国出产的三十六匹好马，还有其他一些珍奇宝物，通过殷的宠臣费仲献给纣王。纣王见了十分高兴，于是赦免了西伯，还赐给他弓箭斧钺，让他有权征讨邻近的诸侯。后西伯营建了丰邑，从岐下迁都到丰。西伯在位大约五十年。他被囚禁在羑里的时候，据说曾经增演《易》的八卦为六十四卦，并改变了殷的法律制度，制定了新的历法。

牧野之战

武王登位，太公望任太师，周公旦做辅相，另有召公、毕公等人辅佐，承继文王的事业。武王受命第九年，往东方去检阅部队，到达盟津。武王自称太子发，宣称是奉文王之命前去讨伐纣，自己不敢擅自做主。又过了两年，武王听说纣昏庸暴虐愈来愈严重，杀了王子比干，囚禁了箕子。于是，武王向全体诸侯宣告说："殷王罪恶深重，此时不伐更待何时？"于是率领战车三百辆，勇士三千人，披甲战士四万五千人，东进伐纣。十一年十二月，军队全部渡过盟津，诸侯都来会合。次年二月甲子日的黎明，武王一早就来到商郊牧野，举行誓师。誓师完毕，前来会合的诸侯军队，共有战车四千辆，在牧野拉开了阵势。

纣王听说武王攻来了，发兵七十万来抵抗武王。武王派师尚父和百夫长前去挑战，然后率领拥有战车三百五十辆、士卒两万六千二百五十人、勇士三千人的大部队长驱直入冲进殷纣的军队。纣王的军队人数虽多，但心里盼着武王赶快攻进来。他们都掉转兵器攻击殷纣的军队，给武王做了先导。武王急驱战车冲进来，纣的士兵全部崩溃，背叛了殷纣。殷纣败逃，投火自焚而死。武王进入商都朝歌，商都的百姓都在郊外等待着武王。武王进入城中，斩下了纣王的头，悬挂在大白旗上，牧野之战大胜。之后武王正式建立了西周王朝，并在洛邑修建周都城，然后离去。把马放养在华山南面，把牛放养在桃林区域，让军队把武器放倒，进行整顿然后解散：向天下表示不再用兵。

成康盛世

武王逝世后，太子诵继承了王位，这就是成王。当时成王年纪小，周又刚刚平定天下，周公担心诸侯会背叛周朝，就代理成王管理国家政务，主持国事。起初，管叔、蔡叔与武庚联合背叛了周朝，周公前去讨伐，经过三年时间才彻底平定。周公代理国政七年，成王长大成人，周公把政权交还给成王，自己又回到群臣的行列中去。

成王住在丰邑，后把殷朝遗民迁徙到洛邑，往东征伐淮夷，灭了奄国，消灭了殷朝的残余势力。设定了周朝设官分职及用人之法，重新规定了礼义，谱制了新的音乐，又将法令、制度进行了修改，百姓和睦，颂歌四起。

成王临终，命令召公、毕公率领诸侯辅佐太子钊登位。召公、毕公率领诸侯，带着太子钊去拜谒先王的宗庙，用文王、武王开创周朝王业的艰难反复告诫太子，太子钊于是登位，这就是康王。康王即位，通告天下诸侯，向他们宣告文王、武王的业绩，所以在成王、康王之际，天下安宁，一切刑罚都搁置一边，四十年不曾使用。

穆王征戎

康王逝世之后，儿子昭王瑕即位，昭王在位的时候，王道逐渐衰落了。后来立了昭王的儿子满，这就是穆王。穆王即位时，已经五十岁了。国家政治衰微，穆王痛惜文王、武王的德政遭到损害，就命令伯冏反复告诫太仆，要管理好国家的政事，写下了《冏命》。这样，天下才又得以安定。

穆王在位五十五年，但他好大喜功，企图向四方发展。因戎狄不向周进贡，于是穆王西征戎，获其五王。后穆王乘着征讨的胜利向西行，一直到达了西北地区，乐而不返，但这种炫耀使得周朝进一步地衰落下去。

平民逐厉王

穆王死，历经共王、懿王、孝王、夷王后，厉王胡即位。厉王在位三十七年，贪财好利，亲近荣夷公。大夫芮良夫规谏厉王不要重用只喜好钱财而不懂得避祸的荣公。厉王不听劝谏，还是任用荣公做了卿士，掌管国事。厉王暴虐无道，放纵骄傲，国人都公开议论他的过失。召公劝谏说："人民都忍受不了您的命令了！"厉王发怒，找来一个卫国的巫师，让他监视那些议论的人，发现了就来报告，立即杀掉。这样一来，议论的人是少了，可是诸侯也不来朝觐了。厉王当政第三十四年，更加严暴，国人没有谁再敢开口说话的，如果在路上遇见也只能互递眼色示意。厉王见此很高兴，就对召公说："我能消除人们对我的议论了，他们谁都不敢说话了。"召公说："你只是把他们的话给堵回去了。堵住人们的嘴巴，要比堵住水流更厉害。水蓄积得多了，一旦决口，一定会伤害很多人，不让民众说话，其道理也是一样的。"厉王不听劝谏。从此，国人更不敢说话了。过了三年，大家就一起造反，攻击、驱逐厉王。厉王逃到彘，太子静藏在召公家才免遭杀害。

烽火戏诸侯

召公、周公二相共同执政，号称"共和"（前841）。共和十四年（前828），厉王死在了彘。太子静已在召公家长大成人，二相就共同扶立他为王，这就是宣王。宣王登位之后，修明政事，传承文王、武王、成王、康王的遗风，诸侯又都来尊奉周王室了。但是，宣王中兴是很短暂的。宣王四十六年（前782），宣王逝世，他的儿子幽王宫湦即位。幽王三年（前779），幽王宠爱褒姒。褒姒生的儿子叫伯服，幽王就想废掉申后，并把太子宜臼也一块儿废掉，让褒姒当王后，让伯服做太子。褒姒不爱笑，幽王为了让她笑，用了各种办法，但褒姒就是不笑。周幽王设置了烽火狼烟和大鼓，如果有敌人来侵犯就点燃烽火，召集诸侯来救。周幽王为了让褒姒笑，点燃了烽火，诸侯见到烽火，全都从四面八方赶来了，赶到之后却不见有敌人来犯，而褒姒看着诸侯受骗的样子果然哈哈大笑。幽王很高兴，因而又多次点燃烽火。后来诸侯们都不相信了，也就渐渐不来了。

周幽王任用虢石父做卿，掌管国事，国人都愤愤不平。石父为人奸诈滑巧，善于阿谀奉承，且很贪图财利。后幽王又废掉了申后和太子。申后的父亲申侯很气愤，联合缯国、犬戎一起攻打幽王。幽王点燃烽火召集诸侯的救兵，但没有一个诸侯前来相救。他们就把幽王杀死在骊山脚下，俘获了褒姒，拿走了周的很多珠宝。之后，西周灭亡。

论 赞

太史公说：学者都说周伐纣之后定都在洛邑，综合考察，其实并非如此。洛邑是武王测量的，成王又派召公进行了占卜，把九鼎安置在那里，而周都仍然是丰邑和镐京。一直到犬戎打败了幽王，周都才东迁到洛邑。所谓"周公安葬于毕"，毕在镐京东南的杜中。

本纪 >>>

秦始皇本纪第六

此本纪以秦始皇和秦二世的活动为中心，以编年纪事的形式，记述了秦王朝建立前后四十年间风云变幻的历史场面，史实繁简相交，语言精彩，秦始皇与秦二世及赵高、李斯的形象线条清晰，逼真呈现。太史公用朴素的唯物主义历史观探索秦朝统一与灭亡的根本原因，把考察秦朝"成败兴坏之纪"的思想贯穿于全篇。

嬴政登位

秦始皇帝，是秦国庄襄王的儿子。庄襄王曾以人质的身份被抵押在赵国，在那里看见吕不韦的妾，很是喜欢，就娶了她，生了始皇。出生后，起名叫政，姓赵。嬴政十三岁那年，庄襄王去世，政继承王位做了秦王。这个时候，秦国已吞并了巴郡、蜀郡和汉中，跨过宛县占据了楚国的郢都，设置了南郡；往北收取了上郡以东的地方，占据了河东、太原和上党郡；往东到荥阳，灭掉西周、东周，设置了三川郡。吕不韦为相国，李斯为舍人，蒙骜、王齮、麃公等为将军。因为秦王年纪小，刚刚登位，所以把国事委托给大臣们。

嫪毐被封为长信侯，嬴政赐给他山阳的土地，一切大小事情全由他做主。秦始皇九年（前238），秦王举行成年礼，此时嫪毐作乱的事被发觉，他盗用秦王的大印和太后的印玺，企图发动都城军队攻打蕲年宫。始皇得知后，命令相国昌平君、昌文君发兵攻击嫪毐。嫪毐等人战败逃走。秦王在全国悬赏捉拿或杀死嫪毐，后来嫪毐等人全部被抓获，嫪毐被处以五马分尸的车裂之刑以示众，其家族全被灭。

十年（前237），相国吕不韦因受嫪毐牵连而被罢官。

统天下，创帝号

李斯劝说秦王，建议首先攻取韩国，以此来恐吓其他国家，于是，秦王派李斯去攻打韩国。大梁人尉缭来到秦国，劝说秦王礼待各国权贵大臣，利用他们打乱诸侯的计划，以防他们联合起来进行出其不意的袭击。秦王听从了他的计谋。

十四年（前233），桓齮将军在平阳攻击赵军，攻占了宜安，又平定了平阳、武城。韩非出使到秦国，秦国采纳了李斯的计谋，扣留了韩非，韩非死在云阳。韩王请求向秦称臣。十八年（前229），秦大举兴兵攻赵，王翦统率上地的军队，攻占了井陉。

二十年（前227），燕太子丹担心秦国军队打到燕国来，十分恐慌，派荆轲去刺杀秦王。事情败露，秦王处荆轲以肢解之刑来示众，然后派遣王翦、辛胜去攻打燕国。秦军在易水西边击溃了燕军。

二十一年（前226），王贲去攻打蓟地。打败燕太子的军队，攻占了燕国的蓟城，拿到了燕太子丹的首级。

二十二年（前225），王贲去攻打魏国，引汴河的水灌大梁城，大梁城墙塌坏，魏王假请求投降，秦军取得了魏国的全部土地。

二十三年（前224），秦王再次诏令征召王翦去攻打楚国，攻占了陈县往南直到平舆县的土地，俘虏了楚王。

二十五年（前222），秦王大规模举兵，派王贲为将领，攻打燕国的辽东郡，俘获燕王姬喜。回来时又进攻代国，俘虏了代王赵嘉。

二十六年（前221），齐王田建和他的相国后胜派军队防守齐国西部边境，断绝和秦国的来往。秦王派将军王贲经由燕国往南进攻齐国，俘获了齐王田建。

秦王刚统一天下，召集丞相、御史商议帝号。丞相王绾、御史大夫冯劫、廷尉李斯等都说始皇兴正义之师，讨伐四方残贼之人，平定了天下，又在全国设置郡县，统一了法令，这是自上古以来不曾有的，五帝也比不上，王何不称为"泰皇"，发教令称为"制书"，下命令称为"诏书"，天子自称为"朕"。秦王说："去掉'泰'字，留下'皇'字，采用上古'帝'的位号，称为'皇帝'。"又下令说："我听说上古有号而没有谥，中古有号，死后根据生前品行事迹加个谥号。这样，就是儿子议论父亲，臣子议论君主了，没有什么意义，我不采取这种做法。从今以后，废除谥法。我就叫作始皇帝，后代就从我这儿开始，称二世、三世直到万世，永远相传，没有穷尽。"

始皇之治

秦始皇按照五行相生相克、循环往复的原理进行推算，认为周朝占有火德的属性，秦朝想要取代周朝，就必须取周朝的火德所抵不过的水德。衣服、符节和旗帜的装饰都崇尚黑色。把数目以十为终极改成以六为终极，符节和御史所戴的法冠都规定为六寸，车宽为六尺，六尺为一步,一辆车驾六匹马。一切事情都依法律决定,刻薄而不讲情义,犯了法的人久久得不到宽赦。

丞相王绾等进言说:"诸侯刚刚被平定,燕国、齐国、楚国地处偏远,不给它们设王,就难以镇抚。权宜之计,最好请封立各位皇子为王。"廷尉李斯发表意见,说各诸侯之间彼此征战,虽是同祖已经疏远,再设置诸侯没有好处。如果各诸侯国都划分成了郡县,对于皇子、功臣,用公家的赋税重重赏赐,这样就很容易控制了。始皇听取了他的建议,把天下分为三十六郡,每郡都设置守、尉、监,并改称人民为"黔首",统一法令和度量衡标准,统一车辆两轮间的宽度,书写使用统一的隶书。始皇又派蒙恬北伐匈奴,收复河套以南以北的广大土地,并征发大量民工,将原秦、赵、燕旧时的长城重新连接加固。领土东到大海和朝鲜,西到临洮、羌中,南到北向户地区,往北据守黄河作为要塞,沿着阴山往东一直到达辽东郡。

秦筑驰道

二十七年(前220),秦始皇巡视陇西、北地,穿过鸡头山,路经回中。于是,在渭水南面建造信宫。不久,又把信宫改名叫极庙,用来象征处于天极的北极星。从极庙开通直达骊山的道路,又修建了甘泉前殿;修造两旁筑墙的甬道,从咸阳一直连接到骊山;修筑供皇帝巡行用的通向全国各地的驰道。

二十八年(前219),始皇到东方去巡视郡县,登上了邹县峄山。在山上立了石碑,又跟鲁地儒生们商议,想刻石以颂扬秦之德业,又商议在泰山祭天、在梁父山祭地和遥祭名山大川的事情。于是登上泰山,树立石碑，举行祭天盛典，接着在梁父山举行祭地典礼，在石碑上镌刻碑文，歌颂秦之功德。

焚书坑儒

始皇在咸阳宫摆酒设宴，七十位博士上前献酒颂祝寿辞。博士齐人淳于越上前指责郡县制，企图说服秦始皇遵复古法，恢复西周以来的分封制，以使国家稳定，天下太平。始皇把他们的意见交群臣议论。丞相李斯认为历代社会动乱、天子威逊，都是因为国家没有统一的法律和法规可循，以致诸侯并起，四海分裂，其根源在于各种儒家学说和私学的存在，使人心不一，思想混乱。他建议始皇消灭私学，除《秦记》之外的史书一律烧毁，除秦博士馆所藏《诗》《书》、百家语外，都要将书交到所在的郡，然后烧毁，医药、占卜、种植之类的书除外。有敢在一块儿谈议《诗》《书》的处以死刑示众，借古非今的满门抄斩。官吏如果知道而不举报，以同罪论处。如果有人想要学习法令，就以官吏为师。秦始皇下诏说："可以。"

侯生与卢生认为秦律残暴，于是商议逃跑了。始皇听说二人逃跑十分恼怒，认为这些人的言行诽谤于他，企图以此加重他的无德，妖言惑众，扰乱民心。于是，派御史去一一审查，这些人辗转告发，结果一个供出一个，始皇亲自把他们从名籍上除名，一共四百六十多人，全部活埋在咸阳。

沙丘政变

三十七年（前210）十月，始皇外出巡游。左丞相李斯跟随，少子胡亥一同巡游。秦始皇到达平原津时害了病，后来愈来愈厉害，就写了一封信给公子扶苏，说："回咸阳来参加丧事，在咸阳安葬。"然而信存放在中车府令兼掌印玺事务的赵高办公处，没有交给使者。七月丙寅日，始皇在沙丘平台去世。丞相李斯认为皇帝在外地逝世，恐怕皇子们和各地乘机制造变故，发起叛乱，于是，就对此事严守秘密，不发布丧事消息。棺材放置在既封闭又能通风的辒辌车中，百官像平常一样向皇上奏事。只有胡亥、赵高和五六个曾受宠幸的宦官知道始皇已经死了的事。赵高过去曾经教胡亥写字和狱律法令等事，与胡亥交情甚好。于是，二人与李斯密谋商量拆开那封已封好的信，谎称李斯在沙丘接受了始皇遗诏，立皇子胡亥为太子。接着，又写了一封信给公子扶苏、蒙恬，列举他们的罪状，赐他们自杀。然后继续往前走，从井陉到达九原。因为正赶上暑天，皇上的尸体在辒辌车中发出了臭味，就下令随从官员们往车里装一石有腥臭气的腌鱼，以掩饰臭味，让人分不出尸臭和鱼臭。

一路行进，从直道回到咸阳，发布治丧的公告。皇太子继承皇位，这就是二世皇帝。九月，把始皇安葬在骊山墓中。

赵高专权，指鹿为马

二世皇帝元年（前209），二世二十一岁，赵高担任郎中令，执掌朝廷大权。秦二世按照赵高的建议，借机会查办郡县守尉中的有罪者，并把他们杀掉，这样，在上可以使皇上的威严震天下，在下可以除掉皇上一向所不满意的人，不给大臣谋算的机会。于是，六个皇子被杀死在杜县。大臣们进谏的被认为是诽谤，一些大官为保住禄位而屈从讨好，百姓震惊恐惧。秦的施法更加严酷。

七月，戍卒陈胜等起兵，陈胜自立为楚王。函谷关以东的山东各郡县，年轻人因为受尽秦朝官吏统治之苦，都杀掉了他们的长官，起兵反抗，以响应陈胜，联合起来讨伐秦朝。

赵高劝说二世道："先帝登位治理天下时间很久，因此群臣不敢做非分之事，也不敢进言邪说。现在陛下正年轻，刚登皇位，怎么能跟公卿在朝廷上议决大事呢？如果议政时有错误，就会让群臣看到自己的弱点。天子之所以称自己为'朕'，朕的意思本来就是不让别人听到他的声音。"于是二世常居深宫之内，只跟赵高一个人商议各种事情。从此，公卿很少有机会朝见皇上，各地起义的人更多了。二世对右丞相冯去疾、左丞相李斯、将军冯劫的进谏非但不听，还认为他们不能平定起义，不配身处高位。于是把冯去疾、李斯、冯劫下交给狱吏，审讯追究三人的其他罪过。冯去疾、冯劫说："将相不能受侮辱。"就自杀了。李斯最后被囚受刑。

二世三年（前207），各地起义愈演愈烈，而秦军节节战败。八月，赵高想要谋反，恐怕群臣不顺从他，就先设计试探。他带来一只鹿献给二世，说："这是一匹马。"二世笑着说："丞相错了，把鹿说成是马。"问左右大臣，左右大臣有的沉默，有的故意说成是马迎合赵高，有的说是鹿，赵高就在暗中假借法律陷害那些说是鹿的人。从此以后，大臣们都畏惧赵高。

专权杀二世

后来，项羽在巨鹿城下俘虏了王离等人并继续前进，章邯等人的军队多次败退，燕国、赵国、齐国、楚国、韩国、魏国都自己推立君王，全部背叛了秦朝官吏而响应诸侯，诸侯都率兵西进。沛公率领几万人屠灭了武关，派人来跟赵高秘密接触。赵高害怕二世发怒，诛杀自己，就谎称有病不去朝见皇上，同时暗中跟他的女婿咸阳县令阎乐、他的弟弟赵成商量另立天子，改立公子婴。赵高让郎中令做内应，谎称有大盗，命令阎乐召集官吏发兵追捕。于是，阎乐带领官兵一千多人趁机杀入宫中，直到二世面前，历数了他的罪状。二世求饶未果，最终自杀。

赵高召集所有的大臣和公子，把杀死二世的情况告诉了他们，并立二世兄长的儿子子婴为秦王。子婴怕赵高杀死二世后又加害于自己，于是在斋宫杀了赵高。子婴做秦王四十六天，楚将沛公打败秦军进入武关，接着就到了霸上，派人去招降子婴。子婴用丝带系上脖子，驾着白车白马，捧着天子的印玺符节，在轵道亭旁投降。项羽灭掉秦王朝之后，把原来秦国的地盘划成三份各自为王，就是雍王、塞王、翟王，号称三秦。至此秦朝终于灭亡了。

论 赞

太史公说：秦国地势有高山阻隔，有大河环绕，形成坚固防御，是个四面都有险要关塞的国家。从穆公以来，一直到秦始皇，二十多个国君，经常在诸侯中称雄。难道代代贤明吗？这是地理形势造成的呀！

秦王满足一己之功，不求教于人，一错到底而不改变。二世承袭父过，因循不改，残暴苛虐以致加重了祸患。子婴孤立无亲，自处危境，却又柔弱而没有辅佐。三位君主一生昏惑而不觉悟，秦朝灭亡，不也是应该的吗？

然而后来秦统一了天下，以天下为家，以崤山和函谷关为宫殿，谁想到一个普通人带头发难，就使得秦之宗庙被毁，国家灭亡，皇子皇孙死在他人手中，让天下人耻笑，这是为什么呢？这是因为不施行仁义，夺取天下跟守住天下的形势不同啊！

本纪 >>>

项羽本纪第七

项羽，秦末轰轰烈烈的农民大起义中的盖世英雄，他力拔山、气盖世，勇猛善战，叱咤风云，为"近古以来未尝有"。但他性情暴戾，优柔寡断，只知用武不懂计谋，才有四面楚歌、垓下之围，最终酿成了一个英雄的悲剧，令人叹惋。

少年项羽

项籍，字羽，下相人，他家是楚国的将门之后，被封在项地，所以姓项。项王的叔父是项梁，而项梁的父亲是项燕，项燕曾经是楚国大将，在秦楚战争中被王翦所杀。作为世家子弟，项梁从小就多方面锻炼项籍，请来大儒教他识字，学不了几天就不学了；又请来剑客教他剑术，项籍也不好好学。项梁很生气，就骂项籍，项籍回答："学写字，只能够用来记姓名；学剑术，只能打败一两个人，我要学习那能打败万人的真本事。"项梁就教项籍兵法，可项籍刚刚明白一点儿兵法的大意，又不肯学了。

后来项梁杀了人，为躲避仇家，带着项籍一起逃到吴中郡。吴中郡本地有名望的士大夫，本事都比不上项梁，每当地方有大规模的徭役或大的丧葬事宜需要人出面组织协调，都是项梁出面。他偷偷地用兵法战术来组织宾客和青年们，借此了解他们的才能和应变能力。项籍身高八尺有余，力气大，能举起千斤鼎，才能超过常人，吴中当地的年轻人都把他当老大，很惧怕他。

秦始皇巡游天下时路过会稽郡，项梁和项籍一块儿去看。秦始皇意气风发，威赫一时，项籍说："我可以取代那个人！"项梁吓得急忙捂住他的嘴，说："小声，别乱说，说这样的话是要满门抄斩的！"经此一事，项梁才隐隐了解到项籍不一般的志向，对他更另眼相看。

秦二世元年（前209）七月，陈涉等在大泽乡起义。当年九月，会稽郡守殷通与项梁密谋商议起兵反秦。项籍斩下了郡守的头，挂了郡守的官印，召集原先所熟悉的豪强官吏，向他们说明起事反秦的道理，于是就发动吴中之兵起事。项梁派人去接收吴中郡下属各县，共得精兵八千人。

此时，广陵人召平为陈王去巡行占领广陵，没有收服。后听说陈王兵败退走，秦兵又快要到了，就渡过长江，假托陈王的命令，拜项梁为楚王的上柱国。项梁就带领八千人渡过长江向西进军，进攻秦军。听说陈婴已经占据了东阳，于是项梁同陈婴合兵西进。项梁渡过淮河向北进军，黥布、蒲将军也率部队归属项梁。这样，项梁总共有了六七万人。

这时候，秦嘉已经立景驹做了楚王，驻扎在彭城以东，想阻挡项梁西进。项梁于是出兵攻打秦嘉。秦嘉战死，部队投降。景驹逃跑到梁地，死在那里。

项梁接收了秦嘉的部队，驻扎在胡陵，准备率军西进攻秦。秦将章邯率军到达栗县。在此之前，项梁曾派项王另外去攻打襄城。项王攻下襄城之后，把那里的军民全部活埋了，然后回来向项梁报告。项梁听说陈王确实已死，就召集各路别将来薛县聚会，共议大事。这时，沛公也在沛县起兵，应召前往薛县参加了聚会。

居鄛人范增建议立楚怀王后代为王，这样才能举兵成功，功成天下。项梁就到民间寻找楚怀王的嫡孙熊心，袭用他祖父的谥号立他为楚怀王，项梁自己号称武信君。

项梁自东阿出发西进，等来到定陶时，已两次打败秦军，项王等又杀了李由，因此更加轻视秦军，渐渐显露出骄傲的神态。宋义于是规谏项梁不可轻敌，项梁不听，秦朝果然发动了全部兵力来增援章邯，攻击楚军，在定陶大败楚军，项梁战死。

章邯打败项梁军队以后，渡过黄河北进攻赵，大败赵军。张耳为国相，逃进了巨鹿城。章邯命令王离、涉间包围了巨鹿。

破釜沉舟战巨鹿

楚军在定陶战败以后，怀王心里害怕，从盱台前往彭城，合并项王、吕臣的军队亲自统率。他任命沛公为砀郡长，封为武安侯，统率砀郡的军队。经齐国使者高陵君举荐，楚怀王召见宋义，跟他商议军中大事，任命他为上将军，项王为鲁公，任次将，范增任末将，去援救赵国。部队进发抵达安阳，停留四十六天不向前进。项王建议迅速引兵渡河，赵、楚二军里应外合，出其不意，击败秦军。宋义却不以为然。项王大怒，就在军帐中斩下了他的头。这时候，将领们都畏服项王，没有谁敢抗拒，一起拥立项王为代理上将军。

项王首先派遣当阳君、蒲将军率领二万人渡过漳河，援救巨鹿。

后又亲自率领全部军队渡过漳河，把船只全部弄沉，把锅碗全部砸烂，把军营全部烧毁，只带上三天的干粮，以此向士卒们表示一定要决死战斗，毫无退还之心。部队抵达前线，与秦军交战多次，阻断了秦军所筑甬道，大败秦军，杀了苏角，俘虏了王离。这时，楚军的强大居诸侯之首，前来援救巨鹿的诸侯各军筑有十几座营垒，没有一个敢发兵出战。到楚军攻击秦军时，他们都只在营垒中观望。楚军战士无不以一当十，士兵们杀声震天，诸侯军人人胆战心惊。在打败秦军以后，项王召见各诸侯将领，当他们进入军门时，一个个都跪着用膝盖向前走，没有谁敢抬头仰视。自此，项王真正成了诸侯的上将军，各路诸侯都隶属于他。

鸿门宴

项王带兵西行，要去夺取秦地。到了函谷关，听说沛公已经攻下了咸阳，项王非常生气，就派当阳君等去攻打函谷关。当时，沛公的军队驻扎在霸上，没能跟项王相见。沛公的左司马曹无伤派人告诉项王说："沛公想在关中称王，让秦王子婴为相，珍奇宝物都已经占为己有了。"项王大为恼怒。范增劝项王，说沛公有天子的锐气，赶快进攻，不要错失良机。

楚国的左尹项伯，是项王的叔父，一向与跟随沛公的留侯张良交好。项伯连夜驱马跑到沛公军中，私下会见了张良，把事情全部告诉了他，想叫张良同他一起离开。张良说他是为韩王来护送沛公的，今若逃走就是不仁义。张良于是进入军帐，把项伯的话全部告诉了沛公。沛公大惊。张良出去请进项伯。沛公捧着酒杯向项伯献酒祝寿，又订下了儿女婚约。沛公说："我进驻函谷关以后，连秋毫那样微小的东西都没敢动，而且登记了官民的户口，查封了仓库，只等着将军的到来。我之所以派将守关，是为了防备其他盗贼进入和一些意外的变故。我们日夜盼望着将军的到来，哪里敢谋反啊！请您翔实地跟项将军将我的话转告，我是绝不敢忘恩负义的。"项伯点点头，对沛公说："明天可千万早点来向项王道歉。"沛公应允。于是项伯连夜赶回军营，把沛公的话一一报告了项王，又说："如果不是沛公先攻破关中，您怎么敢进关呢？如今人家有大功反而要攻打，这是不符合道义的，不如因此好好善待他。"项王答应了。

第二天一早，沛公带着一百多名骑兵来见项王，到达鸿门，向项王赔罪。项王说："这都是您的左司马曹无伤说的，不然，我怎么会这样！"项王当日就让沛公留下一起喝酒。项王、项伯面朝东坐，亚父范增面朝南坐。沛公面朝北坐，张良面朝西陪侍着。范增好几次对着项王递眼色，又好几次举起身上佩戴的玉玦向他示意，项王只是沉默着，并无反应。范增起身出去，叫来项庄说："君王为人心肠太软，你进去上前献酒祝寿，然后请求舞剑，趁机刺杀沛公，把他杀死在座席上。"项庄进来，献酒祝寿完毕后对项王说："君王和沛公饮酒，军营中没有什么可用来娱乐的，就让我来舞剑吧。"项王说："好。"项庄就拔剑起舞，项伯也拔剑起舞，常用身体掩护沛公，项庄没有办法刺杀沛公。见此情景，张良走到军门，找来樊哙，说明情况。樊哙带着宝剑拿着盾牌闯了进来，挑开帷帐面朝西站定，怒目而视项王，头发根根竖起。项王伸手握住宝剑，挺直身子问："这位客人是干什么的？"张良说："是沛公的护卫樊哙。"项王说："真是位壮士！赐他一杯酒！"手下的人给他递过来一大杯酒。樊哙拜谢，起身站着喝了。项王说："赐他一只猪肘！"樊哙把盾牌反扣在地上，把猪肘放在上面，拔出剑来边切边吃。项王说："好一位壮士！还能再喝吗？"樊哙说："我连死都不在乎，一杯酒又有什么可推辞的！那秦王有虎狼一样凶狠之心，杀人无数，毫不知倦；给人加刑，好像唯恐用不尽，天下人都叛离了他。怀王曾经和诸将约定说：'先击败秦军进入咸阳者，为关中王。'如今沛公先进入咸阳，连毫毛那么微小的财物都没敢动，封闭秦王宫室，把军队撤回到霸上，等待大王您的到来；特地派遣将士把守函谷关，防止盗贼和变故。沛公如此劳苦功高，而您却听信小人的谗言，杀害有功之人。这是走秦朝灭亡的老路，我私下认为大王您不会采取这种做法！"一番话说得项王无言以对。一会儿，沛公起身上厕所，就把樊哙叫了出来。

　　沛公出来后对樊哙说："现在我出来，没有来得及告辞，怎么办？"樊哙说："干大事不必拘泥小的礼节，讲大节无须避讳小的责备，如今人家好比是刀子和砧板，而我们好比是鱼和肉，还告辞干什么！"于是，沛公让张良留下来向项王致歉，独自一人骑马，樊哙、夏侯婴、靳强、纪信四人手持剑盾，跟在后面徒步奔跑，从骊山而下，顺着芷阳抄小路回到军营。张良进去致歉说："沛公不胜酒力，喝得多了点，不能跟大王告辞了。谨让臣下张良捧上白璧一双，玉斗一对，恭敬地献给大王与大将军足下。"项王问道："沛公在什么地方？"张良答道："听说大王有意责怪他，他就脱身一个人走了，现在已经回到军营。"项王接过白璧，放在座位上。亚父接过玉斗，扔在地上，拔出剑来击碎了，说："唉！这小子不足以共谋大事，夺取项王天下的，一定是沛公了。我们这班人就要成为俘虏了！"沛公回到军中，立即杀了曹无伤。

彭城大战

鸿门宴后不久，项王率兵西进，屠戮咸阳城，杀了秦降王子婴，劫掠了秦朝的财宝、妇女，烧了秦朝的宫室，大火三个月都不熄灭。

项王派人向怀王报告入秦的情况。怀王说："按照以前的约定办。"于是，项王给怀王一个徒具虚名的尊贵称号——义帝。项王打算自己称王，先将手下诸将相封为王，并说："起义之初，暂立诸侯的后代为王，目的是讨伐秦朝。然而，身披坚甲，手持利刃，带头起事，暴露山野，三年在外，灭掉秦朝，平定天下，都是靠各位将领和我项籍的力量啊！虽说义帝没有什么战功，但分给他土地让他为王，也是应该的。"诸将都说："好。"于是就分封天下，立诸将为侯王。项王、范增担心沛公据有天下，然而鸿门之会已经和解了，又不乐意违背当初的约定，怕诸侯背叛，于是暗中谋划道："巴、蜀两郡道路险阻，秦朝流放的人都居住在蜀地。"因此就立沛公为汉王，统治巴、蜀、汉中之地，建都南郑。项王自立为西楚霸王，统治九个郡，建都彭城。

汉二年春天，汉王率领五个诸侯国的兵马，共五十六万人，向东出兵讨伐项王。四月，汉军全部进入彭城，掳掠那里的财宝、美人，每天大摆酒席会宾客。项王引兵西行奔向萧县，从早晨开始，一边攻打汉军，一边向东推进，打到彭城时已是中午时分，汉军大败。汉军四处逃散，纷纷掉进谷水、泗水，楚军杀了汉兵十多万人。汉兵向南逃入山地，楚军又追击到灵璧东面的睢水边上。汉军后退，由于楚军的逼挤，士卒十余万人都掉进睢水，睢水被堵塞得都不能向前流动了。楚军把汉王里外围了三层。这时，狂风从西北方向刮起，摧折树木，掀毁房舍，飞沙走石，刮得天昏地暗，向着楚军迎面扑来。楚军大乱，队阵崩溃，这样,汉王才得以带领几十名骑兵仓皇逃离战场。汉王在路上遇见了孝惠帝和鲁元公主,就把他们带上车,一块儿西逃。汉王等人到处寻找太公、吕后,没有找见。而太公、吕后也没找到汉王,却遇见了楚军。项王一直把他们留置在军中当作人质。此战之后,汉王和项王的军队在今荥阳相持不下。楚、汉长久相持,胜负未决,军旅疲惫。项王对汉王说:"天下纷乱多年,皆因你我两人的缘故。我希望跟汉王决战,一决雌雄。不要再让百姓老少白白受苦啦。"汉王笑着回绝说:"我宁愿斗智,不能斗力。"并且,汉王一桩桩地列举了项王的罪状,项王很生气,要和汉王决战。汉王不听,项王埋伏下的弓箭手射中了汉王。汉王受了伤,跑进成皋。

项王听说淮阴侯韩信已经攻克了河北,打败了齐、赵两国,而且准备向楚军进攻,就派龙且前去迎战。此时,汉骑将灌婴也赶来了,楚军大败,杀了龙且。项王听到龙且军败,心里害怕。这时候,彭越又返回梁地,断绝了楚军的粮食。此刻的汉军重整旗鼓,士卒气盛,粮草充足,而项王士卒疲惫,粮食告绝。汉王派侯公去劝说项王,项王才跟汉王定约,平分天下,鸿沟以西的地方划归汉,鸿沟以东的地方划归楚。项王同意了这个条件之后,立即放回了汉王的家属。之后,就带上队伍罢兵东归了。

四面楚歌

汉王也想撤兵西归,张良、陈平劝道:"汉已占据天下大半土地,诸侯又都归附。而楚军已兵败粮绝,这正是上天亡楚的大好机会,不如索性趁机把它消灭。如果现在将其放走而不打他,这就是所谓的'养虎给自己留下祸患'。"汉王听从了他们的建议,便派出使者联合韩信、彭越共同进攻项王。于是,韩信从齐国起兵,刘贾的部队从寿春与他同时进发,屠戮了城父,到达垓下。大司马周殷叛离楚王,以舒县的兵力屠戮了六县,发动九江兵力,随同刘贾、彭越一起会师在垓下,逼向项王。

项王的部队在垓下修筑了营垒,兵少粮尽,汉军及诸侯兵把他团团围了好几层。深夜,听到汉军在四面唱着楚地的歌,项王大惊,说:"难道汉已经完全取得了楚地?为何楚国人这么多呢?"项王夜起,在帐中饮酒。有美人虞姬与骏马骓一直跟随在项王身边。这时候,项王不禁慷慨悲歌,自己作诗吟唱道:"力气能将山拔起啊,英雄气概举世无双,时运不济呀骓马不再往前闯!骓马不往前闯啊可怎么办,虞姬呀虞姬,怎么安排你呀才妥当?"唱了几遍,美人虞姬在一旁应和。项王眼泪一道道流下来,左右侍者也都跟着流泪,没有人能抬起头来看他。

乌江自刎

项王骑上马,部下壮士八百多人也骑马跟在后面,趁夜色突围向南奔出,飞驰而逃。天快亮的时候,汉军才发觉,命令骑将灌婴带领五千骑兵去追赶。项王渡过淮河,部下壮士能跟上的只剩下一百多人了。项王到达阴陵,迷了路,误陷大沼泽地中。汉军骑兵追赶上来的有几千人。项王自己估计不能逃脱了,对他的骑兵说:"如今终于被困在这里,这是上天要灭亡我,绝不是作战的过错。但我也要打个漂亮的仗!"于是把骑兵分成四队,面朝四个方向。汉军把他们包围起几层。于是项王高声呼喊着冲了下去,汉军像草木随风倒伏一样溃败了。骑兵们都为他的勇猛而折服。

这时候，项王想要向东渡过乌江。乌江亭长正停船等在岸边，希望项王尽快渡江，再次在江东称雄。项王笑了笑说："上天要灭亡我，我还渡乌江干什么！纵使江东父老兄弟怜爱我，让我做王，我又有什么脸面去见他们？"于是，项王将战马送给亭长，在斩杀汉追兵数百人后举剑自刎。王翳拿下项王的头，其他骑兵互相践踏争抢项王的躯体，由于相争而被杀死的有几十人。

项王一死，楚地全都投降了汉王，项氏宗族各旁枝，汉王都不加杀戮。

论 赞

太史公说：我听周生说舜的眼睛是两个瞳仁儿，又听说项羽也是两个瞳仁儿。项羽难道是舜的后代吗？不然为何他的发迹那么迅速啊！秦朝搞乱政令，陈涉首先发难，各路豪杰纷纷而起，你争我夺，不计其数。然而项羽并非有权势可以凭借，兴起于民间，只用三年，就率领诸侯灭掉了秦朝，划分天下土地，封王封侯，自号为"霸王"，他的地位虽然并不长久，但近古以来如这样的人还不曾有过。至于项羽舍弃关中之地，思念楚国建都彭城，放逐义帝而自立为王，又怨愤诸侯背叛自己，这时候想成大事可就难了。他自夸战功，自认聪明却不肯师法古人，认为霸王的功业要靠武力征伐诸侯治理天下，结果五年之间就丢了国家，身死东城，但仍不觉悟不自责，实在是大过错啊！而他竟然拿"天要亡我，不是用兵的过错"这句话来自我解脱，难道不是太荒谬吗？

本纪 >>>

高祖本纪第八

刘邦表面上没有什么雄才大略,也缺乏英雄气质,但谁也没有想到,秦末的大规模农民起义,最终没有成就陈胜和吴广,也没有成就西楚霸王项羽,而在如此激烈残酷的角逐中,结果却成就了大汉的一统江山。这是历史的偶然,抑或必然?

早年高祖

高祖,沛郡丰邑县中阳里人,姓刘,字季。他的父亲是太公,母亲是刘媪。高祖高鼻子而有龙的面相,一脸漂亮的胡须,左腿上有七十二颗黑痣。他仁厚爱人,喜欢施舍,心胸豁达。成年以后,他当了泗水亭的亭长,喜欢喝酒和女色,常常去赊酒喝,喝醉了躺倒就睡,身上常有龙出现。

高祖曾经到咸阳去服徭役。有一次秦始皇出巡,他站在人群里看到了秦始皇,长叹一声说:"唉,大丈夫就应该像这样!"单父人吕公与沛县县令交好,为躲避仇人,所以投奔到县令这里来做客,后就在沛县安了家。沛中的豪杰、官吏们听说县令有贵客,都来祝贺。萧何当时是县令的属官,掌管收贺礼的事宜,他对那些送礼的宾客们说:

"送礼不满千金的,让他坐到堂下。"高祖做亭长,向来就瞧不起这帮官吏,于是,在觐见的名帖上谎称"贺钱一万",其实他一文钱也没带。名帖递进去了,吕公见了大为吃惊,忙起身到门口去迎接他,见高祖的相貌不凡,就非常敬重他,把他领到堂上坐下。吕公说:"我从年轻的时候就喜欢给人相面,经我相面的人多了,没有谁能比得上你刘季的面相,希望你好自珍重。我有一个亲生女儿,愿意许给你做妻子。"酒宴散后,吕媪对吕公的决定大为恼火。吕公说:"这不是女人家所懂得的。"终于把女儿嫁给刘季了。吕公的女儿就是吕后。高祖做亭长时,喜欢戴用竹皮编成的帽子,他让掌管捕盗的差役到薛地去制作,经常戴着,等到显贵的时候仍旧常戴着,人们所说的"刘氏冠",就是指的这种帽子。

斩蛇起兵

高祖以亭长的身份为沛县押送壮丁到骊山,半路上逃掉了很多人。高祖估计等到了骊山壮丁就会全逃光了,于是走到丰西大泽中时,就停下来饮酒,夜里把所有的壮丁都放了。高祖说:"你们都逃命去吧,从此我也要远远地走了!"壮丁中有十多个人愿意跟随他一起走。高祖乘着酒意,夜里抄小路通过沼泽地,让一个人在前边先走。那人回来报告说:"前边有条大蛇挡在路中间,还是回去罢。"高祖已经大醉,说:"大丈夫走路,有什么可怕的!"于是赶到前面,拔出剑来把大蛇斩成两截,道路打开了。

秦二世元年的秋天,陈胜等在蕲县起事,自称为王,许多郡县都杀了他们的长官来响应他。沛县县令也想率领沛县的人响应陈涉,又怕众人不听从命令,于是听取狱掾曹参、主吏萧何的建议,派樊哙去召回逃亡的刘季,以威胁众人听从起义的命令。

沛令在樊哙走后后悔了,害怕刘季来了会发生什么变故,就关闭城门,据守城池,不让刘季进城,而且想要杀掉萧何、曹参。萧何、曹参害怕了,越过城池来依附刘季,以求保护。于是,刘季在帛上写了字射到城中去,向沛县的百姓宣告说:"天下百姓为秦政所苦已经很久了。现在各位虽然为沛令守城,但是各地诸侯纷纷起义,马上就要屠戮到沛县。如果现在沛县父老一起把沛令杀掉,从年轻人中选择可以拥立的人立为首领,来响应各地诸侯,那么你们的家室就都可以保全。不然,全县老少都要遭到屠戮,一败涂地啊。"沛县百姓率领县中子弟一起杀掉了沛令,打开城门迎接刘季。于是,刘季做了沛公。

入关灭秦

秦二世三年(前207),楚怀王看到项梁的军队已被打败,就把都城从盱台迁到彭城,把吕臣、项羽的军队合并在一起亲自率领。项羽为次将,范增为末将,向北进军救赵。怀王命令沛公向西攻取土地,进军关中,并和诸将相约,谁先进入函谷关平定关中,谁就在关中做王。

怀王手下的老将们都说项羽这个人敏捷勇猛,却又很奸猾,不如改派忠厚老实的人,施行仁义,率军西进,使秦地降服。于是,怀王派沛公率领大军向西去夺取土地,一路收集陈胜、项梁的散兵。沛公率军西进,进入函谷关;向北进攻平阴,横渡黄河渡口;又向南进军,与秦军在洛阳东面交战,后攻取了南阳郡,又听取张良进谏攻取宛城。沛公率军继续西进，所经过的城邑没有不降服的。到了丹水，高武侯鰓、襄侯王陵也在西陵归降了。沛公又回转来攻打胡阳，遇到了鄱君的别将梅鋗，就跟他一起攻下了析县和郦县。赵高杀了秦二世之后，派人来求见，想和沛公定约在关中分地称王，沛公认为其中有诈，就用了张良的计策，派郦生、陆贾去游说秦将，并用金钱利益进行引诱，又乘机前去偷袭武关，攻了下来。又在蓝田南面与秦军交战，增设疑兵旗帜，命令全军，所过之处，不得掳掠，秦地的人都很欢喜。秦军逐渐被瓦解，后双方又在蓝田的北面交战，秦军大败。沛公的军队于是乘胜追击，终于彻底打败了秦军。

约法三章

汉元年（前206）十月，沛公的军队在各路诸侯中最先到达霸上。秦王子婴在轵道旁投降。沛公向西进入咸阳。沛公想留在秦宫中休息，樊哙、张良劝阻，于是，下令把秦宫中的贵重宝器和财物都封好，然后退出来驻扎在霸上。沛公招来各县的百姓和豪杰，对他们说："父老们苦于秦朝的苛政厉法已经很久了，批评朝政得失的要灭族，窃窃私语的要处以死刑。我和诸侯们约定，谁先进入关中谁就在这里做王，所以我应当做关中王。现在我和父老乡亲们约定，律法只有三条：杀人者处死刑，伤人和抢劫者依法治罪。其余凡是秦朝的法律全部废除。所有官吏和百姓都像往常一样，安居乐业。总之，我到这里来的目的就是要为父老们除害，不会对你们有任何侵害，请不要害怕！再说，我之所以把军队撤回霸上，就是等着诸侯们到来，共同制定一个规约。"完毕后，随即派人和秦朝的官吏一起到各县镇乡村去巡视，向民众讲明情况。秦地的百姓都很欢喜，争着送来牛羊酒食慰劳士兵。沛公推让不肯接受，说："仓库里的粮食很多，并不缺乏，不想让大家破费。"人们更加高兴，唯恐沛公不在关中做王。

刘邦称帝

鸿门宴后，项羽自立为西楚霸王，统治梁地、楚地的九个郡；又违背当初的约定，改立沛公为汉王，统治巴蜀、汉中之地，建都南郑。

四月，各路诸侯在项羽的大将军旗帜下收兵，回各自的封地去了。汉王也前往封国，军队过去以后，将在陡壁上架起的栈道全部烧掉，一是防备诸侯或其他强盗偷袭，二是向项羽表示没有东进之意。韩信劝说汉王立即决策，率兵东进，与诸侯争权夺天下。八月，汉王采用韩信的计策，顺原路返回关中，平定了雍地，向东挺进咸阳。

二年（前205），汉王向东夺取土地，塞王司马欣、翟王董翳、河南王申阳都归降了汉王，把攻占的土地设置为陇西、北地、上郡、渭南、河上、中地等郡；在关外设置河南郡。汉王下令各路将领，领一万人或者献出一郡之地降汉的，封给他一万户。修筑河上郡的要塞。原先供秦上层统治者游玩打猎的园林，都允许人们去耕种。正月，俘虏了雍王章邯的弟弟章平。大赦天下。

二月，下令废除秦的社稷，改立汉的社稷。

汉王跟项羽互相对峙，持续了一年多。汉王请求讲和，项王不答应。汉王于是用陈平的计策，让陈平拿黄金四万斤，用以离间项羽和范增之间的关系。项羽便对亚父范增产生了怀疑。范增当时劝项羽务必攻下荥阳，见他猜疑自己后非常愤怒，就以年老为由，希望项羽准许他告老还乡，结果还没有到彭城就死了。

五年（前202），高祖和诸侯军共同进攻楚军，与项羽在垓下决战，大败楚军于垓下。项羽战败逃走，汉王派骑将灌婴追杀项羽，杀了八万楚兵，终于平定了楚地。汉王按照鲁公这一封号的礼仪，把项羽葬在穀城。然后回师定陶，驱马驰入齐王韩信的军营，夺了他的兵权。

正月，诸侯及将相们共同尊请汉王为皇帝。汉王说："我听说皇帝的尊号，只有贤能的人才能拥有，空言虚语，不是我所求的，我承担不了皇帝的尊号。"大臣们再三劝说。甲午日，汉王在汜水北面登临皇帝之位。

大宴群臣，论得天下

高祖在洛阳南宫摆设酒宴。高祖说："各位诸侯将领，你们不能欺瞒我，只管说真心话。我之所以能取得天下，是为什么呢？项羽之所以失去天下，又是为什么呢？"高起、王陵回答说："陛下傲慢而且好侮辱别人，而项羽仁厚而且爱护别人。然而，陛下派人攻城略地，所攻下和降服的地方就分封给人们，与天下人同享利益；而项羽却妒贤嫉能，有功的就嫉恨人家，有才能的就怀疑人家，打了胜仗却不给人家表功，夺得了土地却不分给别人利益，这就是他失去天下的原因。"高祖说："你们只知其一，不知其二。要说运筹帷幄之中，决胜于千里之外，我比不上张子房；镇守国家，抚慰百姓，供给粮饷，保证运粮道路不被阻断，我比不上萧何；统率百万大军，战必胜，攻必取，我比不上韩信。这三个人都是人中的豪杰，我却能够使用他们，这就是我能够取得天下的原因所在。项羽虽有范增却不信任和重用,这就是他被我擒获的原因啊。"

衣锦还乡

高祖回京途中,路过沛县,就停留下来。在沛宫置备酒席,把老朋友和父老子弟都请来一起喝酒唱歌。高祖在歌声中起舞,心中激动感伤,洒下行行热泪。高祖对沛县父老兄弟说:"远游的赤子总是思念着故乡。我虽然建都关中,但是将来死后,我的魂魄还是喜欢和思念故乡。而且,开始的我是以沛公的身份起兵讨伐暴秦,终于取得天下的,我要把沛县作为我的汤沐邑,免除沛县百姓的赋税徭役,世世代代不必纳税服役。"沛县的父老兄弟及同宗亲族都十分高兴,尽情欢宴,叙谈往事,取笑作乐。高祖走的那天,沛县城里全空了,百姓都捧着美酒礼物前来送行。高祖又停下来,搭起帐篷痛饮三天。

病榻问相

高祖讨伐黥布的时候,被飞箭射中,在回来的路上生了病,而且越来越严重。吕后为他请来医生。高祖问医生自己的病情。医生说:"可以治好。"于是高祖骂他说:"我一个区区平民,手提三尺之剑,最终取得天下,这难道不是由于天命吗?人的命运上天早已决定,纵然你是扁鹊,又有什么用呢!"说完,并不让他治病,而是赏给他五十斤黄金打发走了。不久,吕后问高祖:"陛下百年之后,如果萧相国也死了,谁能接替他做相国呢?"高祖说:"曹参可以。"吕后又问曹参以后的事,高祖说:"王陵可以。不过他略显愚而刚直,陈平可以帮助他。陈平有大智慧,但是难以独自担当重任;周勃内敛厚道,缺少文才,但是安定刘氏天下缺他不可，可以让他担任太尉。"吕后再问以后的事，高祖说："再以后的事，也就不是你所能知道的了。"

四月甲辰日，高祖在长乐宫逝世。大臣们都说："高祖起事于平民，平定乱世和天下，使之归于正道，是汉朝的开国皇帝，功劳最高。"献上尊号称为高皇帝。太子继承皇帝之号，就是孝惠帝。孝惠帝又下令让各郡国诸侯都建高祖庙，每年按时祭祀。

论 赞

太史公说：夏朝的政治忠厚。忠厚的弊病就是使得百姓粗鄙无礼，所以殷朝用恭敬代之。恭敬的弊病是使得百姓相信鬼神，所以周朝以礼仪代之。礼仪的弊病是使得百姓不诚恳，所以要救治不诚恳的弊病，只能用忠厚。由此看来，夏、殷、周三代的治国之道好像是在转圈，终而复始。至于周朝到秦朝之间，其弊病在于过分讲究礼仪。秦朝的政统不但没有改变这种弊病，反而使刑罚更加残酷，这难道不是错误的吗？汉朝的兴起，虽然继承了前朝政治的弊病却有所改变，使老百姓不至于倦怠，这是符合天道的循环了。汉以十月为岁首，规定诸侯在每年的十月进京朝见皇帝。规定车服制度，皇帝乘坐的车驾用黄色的缎子做车盖的衬里，车前横木的左上方要插用旄牛尾或野鸡尾做的装饰。高祖葬在长陵。

世 家 >>>

齐太公世家第二

《齐太公世家》记载了姜姓齐国自西周初太公建国至公元前379年齐康公身死国灭,总计近千年的历史。齐国是春秋时代中原的一个重要诸侯国,因为有着优越的地理位置以及几代明君贤臣的治理,终于成为"春秋五霸"之一的泱泱大国。本篇在艺术上有两个特色:第一,取材有法、详略得当;第二,人物形象刻画生动立体,真正达到了"略小取大,举重明轻"的真实再现,人物形象可亲可信的艺术高度。

文王渭滨遇吕尚

太公望吕尚,是东海边上人。其先祖曾做四岳之官,辅佐夏禹治理水土有功。舜、禹时被封在吕地,有的被封在申地,姓姜氏。夏、商两代,申、吕有的封给旁支子孙,也有的后代沦为平民,吕尚就是其远代后裔。吕尚本姓姜,由于以其封地之名为姓,所以叫吕尚。

吕尚曾经穷困,年老时,借钓鱼求见周西伯。西伯在外出狩猎之前,占了一卦,卦辞说:"所获之物,非龙非螭,非虎非熊;所得的乃是成就霸王之业的辅臣。"西伯于是出猎,果然在渭河的北岸遇到太公,与太公谈论后西伯大喜,说:"您就是令周兴盛的圣人啊!"因此称吕尚为"太公望",二人一同乘车而归,尊吕尚为太师。

周西伯昌因故被商纣王囚禁在羑里,脱身回国后,暗中和吕尚谋划推行德政以推翻商纣政权的计策,其中很多是用兵的计谋和奇计。西伯又讨伐了崇国、密须和犬夷,大规模建设丰邑。天下三分之二的诸侯都归向周,这些多半是太公谋划的结果。

文王去世后,武王即位。十二年,武王又将征伐商纣,占卜一卦,龟兆显示不吉利,风雨突至,群臣恐惧,只有太公强劝武王进军,武王于是出兵。十一年正月,在牧野誓师,进伐商纣。商灭亡。

太公封齐

此时武王已平定商纣,成为天下之王,把齐国营丘封给师尚父。太公到齐国后,修明政事,顺其风俗,简化礼仪,开放工商之业,发展渔、盐业优势,因而人民多归附齐国,齐成为大国。到周成王年幼即位之时,管蔡叛乱,淮夷也叛离周朝,成王派召康公诏令太公说:"东至大海,西至黄河,南至穆陵,北至无棣,各方诸侯,如有罪过,命你讨伐。"齐因此有可以征讨各国的权力,形成大国,定都营丘。

襄公被杀

襄公元年(前697),襄公原来还是太子时曾与夷仲之子公孙无知争斗,即位以后,就降低无知的俸禄和车马服饰的等级,无知心中怨恨。

十二年(前686),当初,襄公派连称、管至父驻守葵丘,约定七月瓜熟时去,第二年瓜熟时派人去替换他们。他们前去驻守一年,瓜熟时期已过,襄公仍不派人去替换。有人为他们要求派人,襄公不答应。

所以二人很生气，与公孙无知策划叛乱。冬十二月，襄公到沛丘打猎，遇到野猪袭击，襄公从车上摔下伤了脚，鞋子也掉了。回去后把管鞋的叫茀的人鞭打了三百下。无知、连称、管至父等人听说襄公受伤，就带人来攻袭襄公宫。正遇管鞋的茀出宫，说："先不要进去打草惊蛇，不然就不容易攻进去了。"茀又让他们验看自己的伤痕。他们等在宫外，让茀先进去探听。过了很久也不见动静，无知等害怕，就攻进去。茀反而和宫中人以及襄公的亲信反攻，结果全被杀死。无知进宫后，不见襄公，突然发现门后露着一双脚，开门一看，正是襄公，就杀死襄公，无知自立为齐君。

损嫌任管仲

桓公元年（前685）春，齐君无知到雍林游玩。雍林有人曾与无知有仇恨，所以趁机偷袭杀死无知。

当初，襄公将鲁桓公灌醉杀死，与鲁夫人通奸，乱执刑罚，沉迷女色，欺辱大臣，他的诸弟害怕祸及上身，因此次弟纠逃亡到他母亲的家乡鲁国。管仲、召忽辅佐他。幼弟小白逃亡到莒国，鲍叔牙辅佐他。小白从小与大夫高傒交好。无知被杀后，众臣商议立君之事，高氏、国氏抢先暗中从莒国召回小白。鲁国闻知无知已死，也派兵护送公子纠返齐，并命管仲另带军队阻挡莒国通道，管仲射中小白衣带钩。小白假装死了，管仲派人飞报鲁国。鲁国护送公子纠的行进速度就放慢了，六天后才到齐国，而小白已先入齐国，高傒立其为君，这就是桓公。

桓公即位时，派兵攻鲁，本欲杀死管仲。鲍叔牙说："跟从您，这是我的荣幸，您终于成为国君，而我已无法再帮助您提高。您如果只想治理齐国，有高傒和我就足够了；如果想成就霸王之业，没有管夷吾不行。夷吾所居之国，其国必强，您不能失去这个人才。"于是，桓公摒弃前嫌，以厚礼任管仲为大夫，主持政务。

桓公称霸

桓公得到管仲后，与鲍叔牙、隰朋、高傒共同治理齐国，制定五家连兵制，发展商业、渔业和盐业，用来赡慰劳民，奖励贤士，齐国举国欢腾。

二年（前684），齐国伐灭郯国，郯国国君逃亡到莒国。当初，齐桓公逃亡国外时，经过郯国，曾被无礼对待，所以讨伐它。

五年（前681），桓公征伐鲁国，鲁军眼看失败。鲁庄公请求献出遂邑来求和，桓公允诺，与鲁人在柯地盟会。将要盟誓之际，鲁国的曹沫用匕首劫持齐桓公要求归还鲁国土地，桓公被迫答应。后来，桓公后悔，想不归还鲁国被占领土并杀死曹沫。管仲说："如果被劫持时答应了人家的要求，然后又背弃诺言，就会在诸侯中失去信义，也就失去了天下人的支持，不能这样做。"桓公于是就把曹沫三次战败所丢的全部领土归还给鲁国。诸侯闻知，都认为齐国有信用而愿意归附。

七年（前679），诸侯与齐桓公在甄地盟会，从此，齐桓公成为天下诸侯的霸主。

二十三年（前663），山戎侵伐燕国，燕向齐国求救。齐桓公派兵救燕，接着讨伐山戎，到达孤竹后才班师而回。燕庄王送桓公到齐国境内。桓公说："除了天子，诸侯之间相送不出自己国境，我不能对燕无礼。"于是把燕君所到过的齐国领土用沟分开送给燕国，让燕君重修召公之政，向周王室进贡。诸侯听说后，都服从齐国。

霸主晚景

此时，周王室衰微，天下只有齐、楚、秦、晋四国强盛。而其中只有齐国能够召集中原诸侯盟会，齐桓公又彰显出宏大盛德，因此各国诸侯无不宾服来会。

四十一年（前645），管仲、隰朋都去世了。管仲病重时，齐桓公问："你死后，群臣之中谁可做相国？"管仲说："知臣莫如君。"桓公说："易牙怎样？"回答说："他杀死自己的儿子来迎合国君，不合人情，不能用。"桓公问："开方怎样？"回答说："他抛弃双亲来迎合国君，不合人情，不可接近。"桓公说："竖刀怎样？"回答说："阉割自己来迎合国君，不合人情，不可亲信。"管仲死后，桓公不听管仲之言，还是亲近任用这三人。三人专权。

桓公病时，五公子各自结党要求立为太子。桓公死后，他们就互相争斗，导致宫中无人，也没人敢去把桓公尸体入殓。桓公尸体被丢在床上六十七天，尸体爬满蛆虫以致爬出门外。十二月，无诡即位，才将桓公装棺并向各国报丧。

崔庆之乱

庄公六年（前548），庄公与崔杼之妻通奸，多次去崔杼家，还把崔杼的冠赏给别人。崔杼十分恼怒。庄公曾经鞭打宦官贾举，贾举又被任为内侍，于是替崔杼寻找报仇的机会。五月，崔杼装病不上朝，庄公探望崔杼病情，接着追嬉崔杼妻子。这时，贾举把庄公的侍从拦在外面而自己进入院子，把院门从里边关上。崔杼的徒众手执兵器一拥而上。庄公跳墙想逃，被人射中大腿，反坠墙里，于是被杀。晏婴把庄公的尸体枕放在自己的大腿上抚尸而哭，起来三次顿足以示哀痛后走出院子。有人对崔杼说："一定要杀死晏婴！"崔杼说："他深得众望，放过他我们会争取民心。"

丁丑日，崔杼立庄公的异母弟杵臼为君，这就是景公。景公即位后，崔杼为右相，庆封为左相。二人怕国内动乱不稳，就与国人盟誓说："谁不服从崔、庆二人就得死！"晏子仰天长叹说："我做不到，我只跟从忠君利国的人！"于是他不肯参加盟誓。庆封想杀晏子，崔杼说："他是忠臣，不要杀他。"

景公元年（前547），当初，崔杼有儿子成和强，其母死后，崔杼又娶了东郭氏之女，生了明。东郭氏女让她前夫之子无咎、自己的弟弟东郭偃做崔氏家族的相。成犯了罪，无咎和东郭偃要求严惩成，把明立为太子，又不允许成告老回崔邑。成、强在崔杼家中杀死无咎、东郭偃，家人都奔逃。崔杼大怒，去见庆封。庆封说："让我为您杀掉成、强。"于是庆封派崔杼的仇人卢蒲嫳攻打崔氏，杀死成、强，崔氏一族全灭，崔杼之妻自杀。崔杼无家可归，也自杀了。庆封当上相国，大权在握。三年（前545）十月，庆封外出打猎。田、鲍、高、栾四家族联合谋划消灭庆氏。此年秋，齐人移葬庄公，而把崔杼尸体示众于市以泄民愤。

冤杀简公

简公即位后，让监止执政。因为田成子与监止曾有过隙，田成子怕他加害，在上朝时总戒备地回头看他。大夫田鞅向简公进言说："田、监不能并存，你要选择其中一个。"简公不听。

四年（前481）春天，监止在上朝途中遇田氏族人田逆杀人，将其拘捕，后被田氏营救。监止惧怕田氏势力，在简公的支持下，准备驱逐田氏。监止家仆陈豹将此事告知田恒。五月,田恒先发制人,率车入宫,劫持简公。监止率军反攻,被田氏击败,监止跑回家,聚集徒众进攻宫城大小各门,都未成功,就出逃而走。田氏之众追赶。丰丘有人抓住监止并报告,田氏在郭关把监止杀死。庚辰日,田常在徐州逮捕简公。简公说:"我要是早听田鞅之言,就不会落到今天的地步。"甲午日,田常在徐州杀死简公。

田氏代齐

田常立简公之弟骜为齐君,就是平公。平公即位后,田常为相国,专擅齐国大权,划割齐国安平以东广大国土为田氏封疆范围。

二十五年(前456),平公死去,其子宣公积即位。

宣公于五十一年(前405)死,其子康公贷即位。田会在廪丘叛乱。

康公二年(前403),韩、赵、魏开始成为诸侯。十九年(前386),田常曾孙田和开始成为诸侯,把康公流放到海滨。

二十六年(前379),康公死,吕氏祭祀断绝。田氏终于占有齐国,到齐威王时,在天下称强。

论 赞

太史公说:我到齐国,看到齐国的土地西起泰山,东连琅琊,北至大海,沃土连绵两千里,其人民心胸阔达而又内敛多智,这是他们天性所致。由于太公的圣明,打好了国家的根基,而桓公的盛德和善政,又召集诸侯会盟,成为霸主,难道不是顺理成章的事吗?恢宏博大啊,确实是大国的风貌!

世家 >>>

晋世家第九

西周初，周成王与自己的弟弟叔虞做游戏，用一片削成珪状的桐叶封他于唐，称为唐叔虞。据《毛诗谱》记载，叔虞的儿子燮父因尧墟以南有晋水，改称晋侯。本篇所记从成王封叔虞起至晋静公二年（前376）魏、韩、赵三家分晋止，大约六个半世纪的历史。

削珪封侯

晋国的始祖唐叔虞是周武王的儿子，周成王的弟弟。周武王逝世后，周成王即位，唐国发生内乱，周公灭了唐。一天，周成王和叔虞做游戏，成王把一片削成珪状的桐树叶送给叔虞，说："用这个分封你。"史佚于是请求择吉日封叔虞为诸侯。周成王说："我和他开玩笑呢。"史佚说："天子无戏言。只要说了，史官就应如实记录下来，按礼节实施它，并奏乐歌咏它。"于是，周成王把叔虞封在唐。唐在黄河、汾河的东面，方圆百里，所以叫唐叔虞。他姓姬，字子于。

申生叹死

献公五年（前672），晋献公讨伐骊戎，得到骊姬及其妹妹，对她们十分宠爱。骊姬生下奚齐后,献公打算废掉太子,于是,他让太子申生去驻守曲沃,公子重耳去驻守蒲,公子夷吾去驻守屈。献公与骊姬儿子奚齐就驻守在国都绛。因此,晋国人知道太子是不能立为国君的了。

二十一年(前656),骊姬对太子说:"君王曾梦见你的母亲齐姜,太子应立即去曲沃祭祀母亲,回来后把胙肉献给父王。"于是太子到曲沃去祭祀母亲,回来后,把胙肉奉献给献公。献公当时出去打猎了,骊姬派人在胙肉上放了毒药。过了两天,献公回宫,厨师把胙肉献给献公,献公正想享用,骊姬在一旁阻止说:"胙肉从远方来,应试试它。"厨师把胙肉倒在地上,地面突起;给狗吃,狗死了;给宦臣吃,宦臣也死了。骊姬哭着说:"太子怎么这么心狠呢!连自己的父亲都想杀死而取代,何况其他人呢?"太子听说后逃到新城。献公大怒,就杀死了太子的老师杜原款。有人对太子说:"往胙肉里放毒药的就是骊姬,太子为什么不去说清楚呢?"太子说:"我父亲老了,没有骊姬会睡不安稳、食不甘味。如果我向父亲说明真相,那么他一定会对骊姬很生气,这不行。"有人又对太子说:"那你赶快逃到别的国家去吧。"太子说:"带着这样一个罪名,即使逃跑谁能接纳我呢?我还是自杀吧。"于是,申生便在新城自杀而死。

借道灭虢

二十二年,晋国又向虞国借路讨伐虢国。虞国大夫宫之奇劝谏虞君说:"不能把路借给晋国,否则晋国会灭掉虞国。"虞君说:"晋国与我同姓,它不会攻打我。"宫之奇说:"太伯、虞仲都是太王的儿子,太伯逃走,因此没能继承王位。虢仲和虢叔都是王季的儿子,文王的卿士，他们的功勋都记载在册（记勋的典册），保存在朝廷的盟府。如果他一定要灭掉虢国，又怎么会爱惜虞国？况且，晋国与虞国的亲近能胜过桓叔、庄伯家族吗？桓叔、庄伯家族又有什么罪过，而晋竟然将他们全部杀死。虞国与虢国的关系就如同嘴唇与牙齿的关系，唇亡则齿寒啊。"

虞君不听劝告，答应了晋国的请求。于是，宫之奇带着整个家族离开了虞国。这年冬天，晋国灭掉了虢国，虢公丑逃到周朝京都。晋军返回时，袭击灭亡了虞国，俘虏了虞公和他的大夫井伯、百里奚作为秦穆姬的陪嫁人，并派人办理虞国的祭祀。荀息把献公过去送给虞君的屈地出产的名马又献给献公，献公笑着说："马还是我的马，可惜也老了！"

重耳流亡

晋文公重耳是献公的儿子，从小喜好结交贤士，十七岁时就有五个品德高尚、才能出众的朋友：赵衰、狐偃咎犯——文公的舅父、贾佗、先轸、魏武子。太子申生死后，骊姬进谗言，重耳害怕受同样的祸害，就不辞而别跑回蒲城据守。献公二十二年（前655），献公让宦者勃鞮赶快杀死重耳。重耳爬墙逃跑，宦者追赶上来，砍掉了重耳的袖子。重耳就逃到母亲的国家狄。当时重耳四十三岁。

重耳在狄住了五年，晋献公逝世后，里克杀死了奚齐、悼子，想拥立重耳，于是让人迎接重耳回来。重耳怕被杀，因此坚决不敢回晋。后来，晋国又迎接重耳的弟弟夷吾并拥立他为君，这就是惠公。但惠公害怕重耳的存在，就让宦者勃鞮带着勇士去谋杀重耳。于是，重耳又踏上了去齐国的路途。

重耳到了齐国，齐桓公用厚礼待他，并把同族的一个少女嫁给他，陪送二十辆驷马车。重耳感到很满足,也很喜欢自己的妻子,在齐住了五年也丝毫没有离开的意思。重耳说:"人生本来就是寻求安逸快乐的,何必管其他事?我死也要死在齐,不能走。"他的妻子说:"您是一国的公子,走投无路才到此,您的这些随从把您当作自己的生命,您的臣子苦苦等着您回去,而您却贪恋女色,我为您感到羞耻。况且,现在您不努力去追求,何时才是成功之日呢?"她就和赵衰等人用计灌醉了重耳,用车载着他离开了齐国。

重耳路过宋国、郑国、楚国和秦国,受到了很尊贵的礼遇。晋惠公十四年(前637)秋季,惠公于九月逝世,子圉即位。晋国大夫栾枝、郤縠等人都暗中劝在秦国的重耳回晋国。于是,秦穆公就派军队护送重耳回晋国。重耳在外逃亡十九年最终返回晋国,这时已六十二岁了。

封山慰子推

文公元年(前636)春,秦国护送重耳回到晋国,重耳到武宫朝拜,做了晋国国君,这就是晋文公。怀公圉逃到高梁,重耳派人杀死了怀公。

文公修明政务,对百姓施行恩惠,赏赐逃亡时的随从和有功之臣,功大的封给城邑,功小的授予爵位。

文公还未来得及赏赐完毕,周襄王因弟弟王子带发起动乱逃到郑国,于是向晋国告急。此时,文公赏赐跟随逃亡的随从还未轮到躲藏起来的介子推。介子推也不要俸禄,他说:"上天确实在助文公兴起,可是有几个人却认为是自己的功劳,这不是很荒谬吗?偷了别人的财物,可以说都是盗贼,何况贪天之功而为己功的人呢?"

介子推的随从们很怜悯他，就在宫门口挂了一张牌子，上面写着："龙要想上天，需五条蛇辅佐。龙深入云霄时，四条蛇都进了自己的殿堂，只有一条蛇独自悲戚，没有找到自己的去处。"文公出宫时看见了这块牌子，说："这是介子推。我正为王室之事担忧，还没时间考虑他的功劳。"于是，文公派人去召介子推，但他已经逃走，进了绵上山中。于是，文公把整座绵上山封给介子推，作为他的封地，并称之为介推田，又起名叫介山，"以此来记载我的罪过，而且表彰能人"。

三家分晋

灵公十四年（前607），灵公长大成年了，但他非常奢侈，搜刮民脂民膏，用彩画装饰宫墙。他从高台上往下弹弹丸，并把人当作活靶，以观赏人们避开弹丸的样子而取乐。厨师没把熊掌煮烂，灵公就发怒，竟杀死厨师，让妇女抬着他的尸体扔出去。赵盾、随会多次劝告，灵公根本不听。

到厉公五年（前576），郤锜、郤犨、郤至中伤伯宗，晋君将他杀死。伯宗因为直言劝谏才招来如此灾祸，因此厉公再也得不到百姓的信赖。

悼公十四年（前559），晋国派六卿率领诸侯们讨伐秦国，渡过泾河，把秦军打得大败，直到棫林才离去。

平公十四年（前544），吴国延陵季子出使来到晋国，曾与赵文子、韩宣子、魏献子谈话，事后说："晋国的政权，最终要落在这三家手中。"

顷公十二年（前514），晋国公族祁傒的孙子、叔向的儿子，在晋君面前互相诋毁。六卿想削弱国君的力量，便依照刑法杀死了他们全部家族，并把他们的封邑划分为十个县，各自让自己的儿子去做大夫。晋君力量更加弱小，六卿都强大起来。

静公二年（前376），魏武侯、韩哀侯、赵敬侯灭亡晋国后把晋地分割为三份。静公成为平民，晋国断绝祭祀。

论 赞

太史公说：晋文公是历来公认的贤明君主，在外流亡十九年，贫困到了极点，到即位赏赐功臣时，还忘记了介子推，何况骄奢的君主呢？灵公被杀后，成公、景公极为暴戾，到了厉公就更加苛刻，大夫惧怕被诛杀，祸乱四起。悼公以后国势更加衰弱，六卿专掌政权。所以国君驾驭自己的国家和臣民本来就是不容易的事啊！

世家 >>>

越王勾践世家第十一

越王勾践在会稽之困中被吴王赦免回国后，便卧薪尝胆、亲自耕作，与百姓同甘共苦，终于战胜了吴国，称霸于诸侯。卧薪尝胆的精神也成为传统文化的精华，被后世传颂。

夫差复仇

越王勾践的祖先是夏禹的后裔，是夏朝少康帝的庶出之子，被封在会稽。二十多代后，传到了允常。允常在位时，与吴王阖庐因相互攻伐而产生怨恨。允常死后，儿子勾践即位，这就是越王。

越王勾践元年（前495），吴王阖庐听说允常逝世，就兴兵伐越。越王勾践派出敢死的勇士向吴军挑战，勇士们冲入吴军阵地，大叫着自刎身亡。吴兵看得目瞪口呆。越军趁机袭击吴军，在槜李大败吴军，射伤吴王阖庐。阖庐在临死的时候对儿子夫差说："千万不能忘记报复越国。"

三年（前493），勾践听说吴王夫差日夜操练军队，寻机报复越国，便打算先发制人，在吴未发兵前去攻打吴。范蠡进谏说："不可！我听说兵器是凶器，攻战者背离道德，先发起战争是最下等的举动。用阴谋去做背德的事，好用凶器，且亲身参与这样的下等事，定会遭到天帝的反对，这样绝对对我们不利。"越王说:"我已经决定了。"于是举兵攻打吴国。吴王获取消息后,动用全国精英强将迎击,在夫椒大败越军。越王带着五千名残兵败将退守到会稽,吴王乘胜追击包围了会稽。

越王求和

越王对范蠡说:"我没听您的劝告才落到今天的地步,现在怎么办呢?"范蠡说:"效法天道的盈而不溢,才能保全自己的功业;懂得人道的崇尚谦卑,才能平定危难;遵循地道而因地制宜,才能节制事理。现在,您谦卑地给吴王送去厚礼,如果他不答应,您就亲自前往侍奉他,把自己也抵押给吴国。"

勾践说:"好。"于是派大夫种去向吴求和。种跪在地上边行边叩头对吴王说:"您的亡国的臣民勾践让我大胆地告诉您的执事人员:勾践请求做您的奴仆,妻子做您的侍妾。"伍子胥对吴王说:"上天把越国赏赐给吴国,不要答应他。"种回来据实以告,勾践想杀死妻子儿女,焚烧宝器,亲赴疆场拼死一战。种劝止勾践说:"吴国的太宰伯嚭十分贪婪,您可以派我去用重财诱惑、通融他。"于是,勾践便让种带着美女和珠宝玉器去献给伯嚭。伯嚭欣然接受,就带种去见吴王。种叩头说:"希望大王能赦免勾践的罪过,这样越国所有传世的宝器都会献给您;万一不能得到赦免,勾践就会把妻子儿女全部杀死,烧毁宝器,带领他的五千名士兵与您决一死战,那时,您付出的代价也是相当大的啊!"太宰伯嚭借机劝吴王说:"越王已经服服帖帖地当了臣子,如果赦免了他,将对我国有利。"吴王想答应种。伍子胥又进谏说:"今天不灭越国,日后必定后悔。勾践贤明,其下又有大夫种、范蠡等贤能的大臣，如果有朝一日勾践返回越国，必将作乱。"吴王不听伍子胥的谏言，终于赦免了越王，撤军回国。

卧薪尝胆

勾践被困在会稽时，曾喟然长叹说："我将在此了结一生吗？"种说："商汤被囚禁在夏台，周文王被拘禁在羑里，晋国重耳四处逃亡，齐国小白逃到莒，但最后他们都称霸天下。由此可见，我们今天的处境何尝不能成为一种福分呢？"

勾践被吴王赦免回国后，苦心思虑，把苦胆挂到座位上，坐卧即能仰头看到苦胆，吃饭时也舔舔苦胆，还说："你忘记会稽的耻辱了吗？"他亲自耕作，夫人亲手织布，吃饭从未有荤菜，也从不穿层叠的华丽的衣服，对贤人谦卑有礼，招待宾客热情诚恳，能救济穷人，悼慰死者，与百姓同甘共苦。越王想让范蠡治理国家，范蠡说："带兵打仗的事，种不如我；镇定安抚国家，让百姓亲近归附，我不如种。"于是，勾践把国家政务托付给大夫种，让范蠡和大夫柘稽到吴国做人质。两年后，吴国才让范蠡回国。

越王称霸

勾践从会稽回国后七年，始终抚慰自己的士兵百姓，寻机报复吴国。大夫逢同进谏说："国家刚刚败落，今天才又富足，如果我们现在就整顿军队装备，吴国一定会戒备，到时灾难肯定会再次降临到我们身上。再说，凶猛的大鸟袭击目标时，一定先隐藏起自己来。现在，吴军压在齐、晋国境上，对楚、越又有深仇大恨，虽在天下声名显赫，实则危害周王室。越国不如结交齐国，亲近楚国，归附晋国，厚待吴国。这样，我国可以联络他国的力量，让他国攻打吴国，越国便可在它疲倦的时候攻克它。"勾践说："好。"

过了两年，吴王想要讨伐齐国。子胥进谏说："不可。我听说勾践吃饭从不要两样好菜，与百姓共同劳作。此人不死，一定会成为我国的忧患。而齐对吴来说，只像一块疥癣，无足轻重。希望您放弃伐齐，先伐越国。"吴王不听，就出兵攻打齐国，在艾陵大败齐军。大夫种说："我看吴王当政太骄横了，请您允许我试探一下，向他借粮来揣度一下他对越国的态度。"种向吴王请求借粮。吴王想借，子胥建议不借，吴王还是借了。越王暗中十分高兴。子胥说："君王不听我的劝谏，再过三年，吴国将成为一片废墟！"太宰伯嚭在君王面前再三诽谤子胥，吴王开始也不听信谗言，后来就派子胥出使齐国，又听说子胥把儿子委托给鲍氏，吴王大怒，就赐给他一把"属镂"剑让他自杀。子胥大笑道："一定要挖出我的眼睛挂在吴国都城东门上，以便让我能亲眼看着越军进入都城。"然后自刎而死。于是吴王重用伯嚭执掌国政。

第四年春天，吴王到北部的黄池会合诸侯，吴国的精锐部队全部随从，只剩下老弱残兵和太子留守吴都。勾践再次问范蠡是否可以攻打吴国。范蠡说："可以了。"于是，越王派出熟悉水战的士兵两千人，训练有素的士兵四万人，近卫军六千人，军官一千人攻打吴国。吴军大败，越军杀死吴国的太子。吴国使者向吴王告急。吴王正在黄池会合诸侯，怕天下人听到这个惨败的消息，就坚守秘密。吴王在黄池与诸侯订立盟约后，就派人带上厚礼请求与越国求和。越王估计自己也不能灭亡吴国，就与吴国讲和了。

这以后四年，越国又攻打吴国。吴国军民疲惫不堪，精锐士兵都在与齐、晋之战中死亡。所以越国大败吴军，包围吴都三年，越国又把吴王围困在姑苏山上。吴王命公孙雄脱去上衣跪着行走，请求与越王讲和，说："以前我在会稽得罪您，我不敢违抗您的命令，如能够与您讲和，就撤军回国了。今天您投玉足前来讨伐孤臣，我对您唯命是从，希望您像当初我对您那样，赦免夫差的罪过吧！"勾践不忍心，想答应吴王。范蠡说："当初在会稽，是上天把越国赐给吴国，吴国不要；今日是上天把吴国赐给越国，难道越国可以违抗天命吗？您忘记会稽的苦难了吗？"吴国使者哭着伤心地走了。勾践怜悯他，就派人对吴王说："我安置您到甬东，统治一百家。"吴王说："我已经老了，不能侍奉您了！"说完便自杀身亡。自尽时，他捂住自己的脸说："我没脸见子胥！"越王安葬了吴王，杀死了太宰伯嚭。

勾践平定了吴国后，就向北渡过黄河，在徐州与齐、晋诸侯会合，向周王室进献贡品。周元王赏赐胙肉给勾践，称他为"伯"。勾践离开徐州，渡过淮河南下。越军在长江、淮河以东畅行无阻，诸侯们都来道贺，越王号称霸王。

鸟尽弓藏

范蠡离开了越王，从齐国给大夫种发了一封信，说："飞鸟尽，良弓藏；狡兔死，走狗烹。越王是长颈鸟嘴，只可以与之共患难，不可以与之共享乐，你为何不离去？"种看过信后，声称有病不再上朝。有人中伤种将要作乱，越王就赐给种一把剑，说："你教给我七条攻伐吴国的计策，我只用三条就打败了吴国，那四条还在你那里，你替我到先王面前尝试一下那四条吧！"于是，种持剑自杀。

勾践逝世。到无强时，越国向北攻打齐国，向西攻打楚国，与中原各国争胜。楚威王发兵迎击越军，大败越军，杀死无强，把原来吴国一直到浙江的土地全部攻取。越国因此分崩离析，各族子弟们竞争权位，有的称王，有的称君，流居在长江南部的沿海，服服帖帖地向楚国朝贡。

七代后，君位传到闽君摇，他辅佐诸侯推翻了秦朝。汉高帝又恢复摇做了越王，继续越国的奉祀。东越、闽君都是越国的后代。

论　赞

太史公说：夏禹的功劳很大，疏导了九条大河，安定了九州大地，一直到今天，整个九州都平安无事。到了他的后裔勾践，辛苦劳作，深谋远思，终于灭亡了强大的吴国，向北进军中原，尊奉周室，号称霸王。这大概也有夏禹的遗风吧。

世家 >>>

孔子世家第十七

孔子创造的儒学是中国古代文化的核心。孔子在中国文化史上享有崇高的地位,在世时就有人尊奉他为"圣人",死后更是为人所景仰,将其视为万世师表。孔子一生的事迹很多,太史公突出其中的重点事迹,有条不紊地记述。在人物刻画方面,引用孔子的许多言论或与弟子的对话,从而使得孔子的形象更加亲切感人。

少年孔子

孔子出生在鲁国昌平乡的陬邑。他是宋国人孔防叔的后裔。防叔生伯夏,伯夏生了叔梁纥。叔梁纥年老时,娶颜姓少女生了孔子。鲁襄公二十二年(前551),孔子诞生。他出生时头顶是凹下去的,所以取名叫丘,字仲尼,姓孔氏。

孔子出生不久,叔梁纥就死了,埋葬在防山。孔子的母亲死后,他腰间还系着孝麻带守丧时,季孙氏举行宴会款待名士,孔子前往。季孙氏的家臣阳虎拦住他说:"季氏招待名士,没有请你啊。"孔子退了出来。

孔子家境贫穷,长大后曾做过管理仓库和牧场的小吏,又升任主管营建工程的司空。不久,他离开了鲁国,在齐国受到排斥,在宋国、卫国遭到驱逐，在陈国和蔡国之间被围困，最后又返回了鲁国。孔子身高九尺六寸，人们都称他为"长人"，觉得他与一般人不一样。

景公问政

齐景公向孔子请教如何为政。孔子说："国君要有国君的样子，臣子要有臣子的样子，父亲要有父亲的样子，儿子要有儿子的样子。"景公听了说："对极了！"又一日，景公又向孔子请教为政的道理。孔子说："为政最重要的是节俭。"景公听了很高兴，打算把尼谿的田地封赏给孔子。晏婴劝阻说："儒者这种人，巧言善辩，不能用法律来约束；他们傲慢任性，自以为是，不能任为下臣；他们重视丧葬，不惜倾家荡产，不能让这种做法形成民风；他们四处游说乞求官禄，不能用来治理国家。自从那些圣贤去世以后，周王室衰微，礼崩乐坏已经很久了。现在孔子讲究装饰，制定繁复的礼节，这些就是几代人也学不完，搞不清楚的。您如果想用这些东西来改变齐国的风俗，恐怕不是引导百姓的好办法。"之后，齐景公虽然很有礼貌地接见孔子，可不再问起有关礼的问题了。齐国的大夫中有人想害孔子，景公又对孔子说："我已年老了，不能用你了。"于是，孔子就离开齐国，返回了鲁国。

夹谷之会

鲁定公十年（前500）的春天，齐国大夫黎鉏对景公说："鲁国起用了孔丘，势必危及齐国。"于是，齐景公就派使者与鲁国在夹谷约定会晤。孔子以大司寇的身份兼办会晤典礼事宜。仪式行过之后，齐国的官员请示说："请演奏四方各族的舞乐。"于是齐国的乐队有的头戴羽冠、身披皮衣，有的手执矛、戟、剑、楯等武器喧闹着一拥而上。孔子赶忙跑过来，一步一阶快步登台，还差一级台阶时便扬起衣袖一挥，说道："我们两国为和好而来相会，为什么在这里演奏夷狄的舞乐？"主管官员叫乐队退下，他们却不肯动，左右看看晏子与齐景公的眼色。齐景公心里很惭愧，挥手叫乐队退下去。过了一会儿，齐国的管事官员又跑来说："请演奏宫中的乐曲。"景公说："好的。"于是一些歌舞杂技艺人和侏儒都来表演了。孔子又急跑过来，最后一阶还没有迈上就说："普通人敢来胡闹迷惑诸侯，论罪当杀！请命令主事官员去执行！"于是主事官员将他们处以腰斩。齐景公大为恐惧，触动很大，清楚自己不占理，回国之后很是恐慌，就对大臣们说："鲁臣是用君子的道理来辅佐他们的国君，而你们却拿夷狄的办法教我，我得罪了鲁国国君，这下怎么办呢？"主管官员上前回答说："君子有了过错，就要用实际行动来向人家道歉认错。您如果痛心，也那样做吧。"于是，齐景公就退还了从前所侵夺的一些土地，以此向鲁国忏悔。

周游列国

鲁定公十四年（前496），孔子五十六岁，他由大司寇担任理相，面有喜色。孔子参与国政三个月，贩卖猪、羊的商人就不敢漫天要价了，男女行人都分开走路，掉在路上的东西也没人捡，四方的客人来到鲁国，用不着向官员们求情送礼，也能得到满意的照顾，宾至如归。

齐国听说后很害怕，害怕鲁国一旦称霸，那么最先吞并的便是齐国。于是就从齐国挑选了八十个美貌女子，身上有花纹的马一百二十匹，一起送给鲁君。季桓子接受了齐国送来的礼物，一连三天不问政务。孔子于是离开了鲁国，到了卫国。过了不久，有人向卫灵公说了孔子的坏话，卫灵公就派公孙余假用兵仗监视孔子的出入。孔子害怕在这里获罪，就离开了卫国。

孔子从曹国到宋国，与弟子们在大树下演习礼仪。宋国的司马桓魋想杀死孔子，就把树砍掉了。孔子只得离开这个地方。弟子们催促他说："我们快走吧！"孔子说："既然上天把传道德的使命赋予我，桓魋他又能把我怎么样？"

孔子到了郑国，与弟子们失散了，一个人站在外城的东门。郑国有人看见了就对子贡说："东门有个人，他的额头像唐尧，脖子像皋陶，肩膀像郑子产，可是腰以下比禹短三寸，一副狼狈不堪的样子，像一条丧家犬。"子贡见面把原话告诉了孔子。孔子高兴地说："他形容我的相貌不一定对，但说我像条丧家犬，真是对极了！"

孔子又回到了卫国。卫灵公听说孔子来了，高兴地亲自到郊外迎接。但卫灵公年纪大了，懒得处理政务，也不起用孔子。孔子长叹了一声说："如果有人起用我，一年时间就差不多了，三年就会大见成效。"

孔子又从陈国移居蔡国。后二年，孔子从蔡国前往叶地。叶公问孔子为政的道理，孔子说："为政的道理在于招纳远方的贤士，使近处的人归服。"有一天，叶公向子路问孔子的情况，子路不回答。孔子听说后就对子路说："仲由，你为什么不对他说：'他这个人呀，学习起道理来不知疲倦，教导起人来不知厌烦，发愤学习时忘了吃饭，快乐时忘了忧愁，就连衰老将到来也不知道。'"

孔子归鲁，开始著述

孔子离开鲁国十四年后又回到鲁国。孔子的时代，周王室衰微，礼崩乐坏，《诗》《书》也残缺不全了。孔子探究夏、商、西周三代的礼仪制度，编定了《书传》的篇次，上起唐尧、虞舜，下至秦穆公，依次整理编排。他又订正了诗乐，使《雅》《颂》都恢复了原来的曲调。

古代流传下来的《诗》有三千多篇，到孔子时，他把重复的删掉了，选取其中合于义的用于礼义教化。三百零五篇诗孔子都能演奏歌唱，以求合于《韶》《武》《雅》《颂》这些乐曲的音调。孔子也完成了被称为"六艺"的《诗》《书》《礼》《乐》《易》《春秋》的编修。

孔子晚年喜欢钻研《周易》，他详细解释了《象辞》《系辞》《说卦》《文言》等。孔子读《周易》十分刻苦，以至把编穿书简的牛皮绳子都弄断了多次。孔子用《诗》《书》《礼》《乐》作教材教育弟子，就学的弟子大约三千人，至于像颜浊邹那样的，多方面受到孔子的教诲却没有正式入籍的弟子就更多了。

孔子教育弟子有四个方面：学问、言行、忠恕、信义；为弟子立下四条禁律：不揣测、不武断、不固执、不自以为是。他认为需要特别谨慎处理的是：斋戒、战争、疾病。他教育弟子，不到他人真正遇到困难、烦闷发急的时候，不去启发、开导他。孔子说："三个人同行，其中必定有可以做我老师的人。"又说："不修明道德，不探求学业，听到正直之理不去学习，对缺点错误不能改正，这些是我忧虑的问题。"

孔子逝世

孔子逝世时七十三岁，葬在鲁城北面的泗水岸边，弟子们都在心里为他服丧三年。他的弟子和一些鲁国人，相继前往墓旁居住的有一百多家，因此那里被命名为"孔里"。鲁国世世代代相传，每年都定时到孔子墓前祭拜，而儒生们也来这里讲习礼仪，举行仪式。孔子故居的堂屋以及弟子们所居住的内室，后来被改成庙，收藏孔子生前穿过的衣服，戴过的帽子，使用过的琴、车子和书籍等，直到汉代，二百多年间没有废弃。高祖刘邦经过鲁地，用牛、羊、猪三牲俱全来祭祀孔子。诸侯、卿大夫、宰相一到任，常常是先去拜祭孔子墓，然后才去就职处理政务。

论　赞

太史公说：《诗经》中说："像高山一样让人瞻仰，像大道一样让人因循。"虽然我不能达到这种境地，但是心里很向往。我读孔子的书，可以想到他的为人。到了鲁地，参观了孔子的庙堂、车辆、衣服、礼器，目睹了读书人按时到孔子旧宅中演习礼仪的情景，我怀着崇敬的心情不愿离去。自古以来，天下的君王乃至贤人已经够多了，但大多是活着的时候很尊贵，死了就什么都不是了。孔子为一介平民，他的名声和学说已经传了十几世，读书的人都尊崇他为宗师。从天子到王侯，全国谈六艺的人都把孔子的学说作为判断的最高标准。可以说，孔子是至高无上的人了。

世家 >>>

陈涉世家第十八

《陈涉世家》记述的是秦末轰轰烈烈的农民起义中的领袖陈涉、吴广的事迹,全篇按照时间的顺序,将起义的原因、经过和结局进行了真实与完整的记述。按《史记》体例,"世家"是王侯的传记,陈涉不属王侯,之所以把他列入"世家",是因为太史公在《太史公自序》中说:"秦失其政,而陈涉发迹,诸侯作难,风起云蒸,卒亡秦族。天下之端,自涉发难。"同时,也表明了他对陈涉的历史地位及起义作用的重视和肯定。

大泽乡起义

陈胜是阳城人,字涉。吴广是阳夏人,字叔。陈涉年轻的时候曾被人雇用耕田。一次在田埂上休息时,他失意地叹息了好一会儿,说:"假如将来我们之中谁富贵了,千万不要彼此忘记。"和他一起的伙伴们都笑着说:"你我都是被人雇来耕田的,哪能富贵呢?"陈涉叹息着说:"唉,燕子、麻雀这类小鸟怎么能理解大雁、天鹅的远大志向呢!"

秦二世元年(前209)七月,征调平民百姓去防守渔阳,共有九百人驻扎在大泽乡。陈胜、吴广都在此次征发的行列之中,并当了屯长。恰逢天下大雨,道路被阻,他们估计已经误了规定的到达渔阳的期限,按照法律规定，这是要杀头的。陈胜、吴广就商量说："如今逃走也是死，起义干一番大事业也是死，同样是死，为国家大事而死好不好？"陈胜说："天下受秦王朝的残酷统治已经很久了，苦不堪言。我听说二世皇帝是始皇帝的小儿子，本不应该由他来即位，名正言顺的皇位继承者应该是公子扶苏。扶苏因为屡次规劝皇上，皇上派他到外地驻守。如今听说他并没有罪过却被二世皇帝杀害了。项燕原是楚国的将军，屡立战功，爱护士兵，楚国人都很爱戴他。有的人说他已经死了，有的人说他逃亡在外躲藏了起来。假如现在我们冒用公子扶苏和项燕的名义，向天下人发出起义的号召，应该会有很多人响应。"吴广同意。于是他们去占卜吉凶。占卜的人知道他们的意图，说道："无论你们做什么事，都能成。但是你们向鬼神问过吉凶了吗？"陈胜、吴广很高兴，揣度占卜人所说的向鬼神问吉凶的意思，说："这是叫我们先在众人中树立威望。"于是，他们就用朱砂在一块白绸子上写了"陈胜王"三个字，塞进鱼肚子里。戍卒买鱼吃，发现了鱼肚中的帛书，感到很奇怪。陈胜又暗中派吴广到附近的一座草木丛生的古庙里，在夜里点起篝火，模仿狐狸的声音喊道："大楚兴，陈胜王。"戍卒们在半夜听到这种叫声，都十分惊恐。第二天早晨，戍卒们议论纷纷，都指指点点地看着陈胜。

吴广一向很关心别人，戍卒中很多人愿意为他效劳。押送队伍的将尉喝醉了酒，吴广故意多次扬言要逃跑以激怒将尉当众侮辱自己，借以激怒众人。将尉果然鞭打吴广，又拔出佩剑来，吴广奋起夺剑杀死了将尉。陈胜帮他一起杀死了两个将尉，然后召集属下号召说："大家在这里遇上大雨误了期限，这是要杀头的。即使侥幸没被杀头，将来戍边死去的可能性也得有十之六七。再说，大丈夫不死便罢，死就要名扬后世，王侯将相难道都是祖传的吗！"大家听了都异口同声地说："我们甘愿听从调遣。"于是，大家露出右臂作为标志，号称大楚。他们又筑起高台宣誓，用将尉的头作祭品。陈胜自立为将军，吴广做都尉。首先进攻的是大泽乡，攻克后又攻打蕲县，一连进攻铚、酂、苦柘、谯几个地方，所向披靡。他们一面进军，一面不断扩充士兵的数量，壮大队伍。等行进到陈县的时候，已拥有兵车六七百辆，骑兵一千多，步卒好几万人。起义军占领陈县后，陈胜下令召集掌管教化的三老和地方豪杰都来开会议事，并自立为王，国号为张楚。

逐鹿天下

此时，各郡县忍受秦朝暴政之苦很久的人，都逮捕了各自的官吏，宣判了他们的罪状，并杀死他们来响应陈涉。于是陈涉就以吴广为代理王，率领各将领向西进攻荥阳。他又命令陈县人武臣、张耳及陈馀去攻取赵国的辖地，命汝阴人邓宗攻占九江郡。这时，楚地几千人聚集在一起起义的，多得不计其数。

周文是陈县有名的贤人，曾是项燕军中的占卜望日官，他自称懂得用兵之法，陈王就授予他将军印，带兵西去攻秦。一路上，他召集兵马，到达函谷关时，有战车千辆，士兵几十万人，驻扎在戏亭。秦王朝派少府章邯赦免了在骊山服役的罪人及家奴所生的儿子，全部调来攻打张楚的大军。楚军大败。周文失败后逃出了函谷关，在曹阳驻留了两三个月。章邯又追来把他打败了，再逃到渑池驻留了十几天。章邯又来追击，把他打得惨败。周文自杀，他的军队也跟着溃败了。

将军田臧等一起谋划说："周文的军队已经被打败，而我们包围荥阳城久攻不下，如果秦国的军队到来，我们一定会被打得大败。不如留下少量足以守住荥阳的部队，把其余精锐的军队全部用来迎击秦军。现在代理王吴广骄横，又不懂用兵之计，这样的人无法同他议事，不如杀了他，否则我们的计划就会失败。"于是，他们假冒陈王的命令杀死了吴广，把他的头献给了陈王。陈王就赐给田臧楚令尹的大印，任命他做上将军。田臧就派部将李归等人驻守荥阳城，自己带了精锐的部队西进到敖仓迎战秦军。双方交战时，田臧战死，军队溃散。章邯领兵趁机到荥阳城下来攻打李归，打败了他们，李归等人战死。

功败垂成

陈胜刚刚自立为王时，陵县人秦嘉、铚县人董缉、符离人朱鸡石、取虑人郑布和徐县人丁疾等都单独起兵反秦，他们领兵把东海郡守名叫庆的围困在郯城。陈王听说后，就命武平君畔做将军，来督率郯城下的各路军队。秦嘉拒不接受这个命令，而自立为大司马，不想隶属于武平君畔，又对他的军吏说："武平君年轻，不懂军事，不要听他的！"接着就假托陈王的命令杀死了武平君畔。

章邯打败伍徐以后，又进攻陈县，陈王的上柱国房蔡赐战死了。章邯又领兵进攻驻守在陈县西面的张贺部队。陈王亲自出来督战，结果楚军还是战败，张贺阵亡。

十二月，陈王退到了汝阴，回到下城父时，他的车夫庄贾杀了他投降秦军。陈胜死后安葬在砀县，谥号为隐王。

陈胜称王总共六个月的时间，以陈县为国都。一位曾与他一起被雇用给人家耕田的伙计听说他做了王，就来到陈县敲着宫门说："我要见陈涉。"守宫门的长官把他捆绑起来，不肯为他通报。等陈王出门时，他拦路呼喊陈涉的名字。陈王召见了他，与他同乘一辆车子回宫。走进宫殿，看见殿堂房屋、帷幕帐帘之后，他说："夥颐！陈涉大王的宫殿好高大漂亮啊！"楚地人把"多"叫作"夥"，所以天下流传"夥涉为王"的俗语就是从陈涉开始的。这位旧相识在宫中进进出出越来越随意放肆，常常跟人讲陈涉从前的一些旧事。有人就对陈王说："您的客人愚昧无知、胡说八道，这有损您的威严。"于是，陈王就把他杀死了。从此，陈王的故旧知交都纷纷自动离去，不再有亲近他的人了。陈王任命朱房做中正，胡武做司过，专门督察群臣的过失。将领们攻占了地方回到陈县来，稍不服从命令就被抓起来治罪。这两个人严厉地寻找群臣的过失以表示对陈王的忠心。但凡是他们两个不喜欢的人，一旦有错，不交给负责司法的官吏就擅自予以惩治。但是陈王却很信任他们。将领们因为这些，就不再亲近依附陈王了。这就是陈王失败的原因。

陈胜虽然死了，但他所封立派遣的王侯将相终于灭掉了秦王朝，这都是陈胜首先起义反秦的结果。汉高祖时，在砀县安置了三十户人家为陈胜看守坟墓，至今仍按时杀牲祭祀他。

论 赞

褚先生说：地形险要阻塞，是为了便于防守，武器装备和法律规章，是为了治理国家。单凭这些还不足依恃。古代的圣王把仁义作为根本，把修筑城池要塞和制定法律作为枝叶，难道不是这样吗？

世家 >>>

萧相国世家第二十三

萧何是刘邦的重要谋臣,他为西汉的建立和政权的巩固立下了卓越功勋,做出了重大贡献。司马迁运用对比的手法,写刘邦率军进入咸阳后,将领们忙于争夺金银财物,而萧何却首先搜集保存秦王朝的文献档案,为刘邦统一天下创造了条件。在楚汉相争期间,萧何留守关中,建设后方基地,多次使刘邦转危为安。"成也萧何,败也萧何"又是其复杂行事的历史流传,被后世人传诵。

佐主霸业

萧相国萧何,沛县丰邑人。他精通法律,是沛县县令手下的官吏。汉高祖刘邦还是平民时,萧何常常以官吏的身份保护他。刘邦当了亭长,萧何常常帮助他。刘邦以官吏的身份到咸阳服徭役,官吏们都送他三百钱,只有萧何送他五百钱。

秦朝的御史到泗水郡督察工作时,萧何跟着他的属官办事,事情做得有条不紊。秦朝的御史打算入朝进言征调萧何,萧何辞谢才没被调走。

等到刘邦起义做了沛公,萧何常常作为他的助手督办公务。沛公进了咸阳,将领们纷纷奔向府库,争抢金银财物,唯独萧何一进入宫室就收取秦朝官吏掌管的律令、户籍档案等重要文献资料，将它们珍藏起来。沛公做了汉王，任命萧何为丞相。项羽和诸侯军队进入咸阳，屠杀焚烧了一通就离去了。汉王之所以能够详尽地了解天下的险关要塞、户口的多少、各地各方面的强弱、人民的疾苦等，就是因为萧何完好地保存了秦朝的文献档案的缘故。萧何还向汉王推荐韩信，汉王任命韩信为大将军。

遣子安主

汉王领兵东进平定三秦，萧何以丞相的身份留守治理巴蜀，抚慰民众，为军队供给粮草。汉二年（前205），汉王与各诸侯攻打楚军，萧何留守关中，侍奉太子，治理栎阳。制定法令、规章或建立宗庙、社稷、宫室、县邑，萧何总是先禀报汉王，得到同意、准许后才施行；如果来不及禀报，有些事就酌情处理，等汉王回来再向他据实以报。汉王军队中多次有人弃军败逃而去，萧何常常征发关中士卒，补充军队的缺额，并征集粮草补给前方军队。因此，汉王专门委任萧何处理关中政事。

汉三年（前204），汉王与项羽对峙于京县、索城之间，汉王多次派遣使者慰劳萧何。鲍生对丞相说："汉王在前线风餐露宿，却多次派使者来慰劳您，这是在怀疑您呢！您不如派遣您的兄弟子孙中能打仗的人都到军营中效力，汉王必定更加信任您。"于是萧何听从了他的策略，汉王十分高兴。

论功行赏

汉五年（前202），高祖已经打败了项羽，平定了天下，于是论功行赏。高祖认为萧何的功劳最大，封他为侯，给予的食邑最多。功臣们都说："我们身披战甲，手执兵器，多的身经百战，少的交锋十几回合，攻占城池，夺取地盘，战功不等。而萧何并没有这样的汗马功劳，只是舞文弄墨，发发议论，封赏反倒在我们之上，这是什么原因？"高帝说："诸位懂得打猎吗？"群臣回答说："懂得。"高帝又问："知道猎狗吗？"群臣说："知道。"高帝又说："打猎时，追咬野兽的是猎狗，但发现野兽踪迹的却是猎人。而今大家仅能捉到野兽而已，功劳不过像猎狗。至于萧何，他的功劳却如同猎人。再者，诸位只是个人追随我，多的不过一家三两个人。而萧何让自己本族里的几十个人都来随我打天下，功劳是不可忘记的。"群臣都不敢再言语了。

排列位次时，高祖认为萧何常常在自己最危急的时候征调百万大军开往前线支援自己，又征调粮草供给军队长久地作战，且一直保全关中等待着自己回归，这是万世不朽的功勋。于是便确定萧何为第一位，特许他带剑穿鞋上殿，上朝时可以不按礼仪小步快走。

辞赏释疑

汉十一年（前196），陈豨反叛，高祖亲自率军到邯郸征讨他。平叛尚未结束，淮阴侯韩信又在关中谋反，吕后采用萧何的计策杀了他。高祖听说淮阴侯被杀，于是拜丞相萧何为相国，加封五千户，并令五百名士卒、一名都尉做相国的卫队。许多人都前来祝贺，唯独召平表示哀悼。召平对萧相国说："您的祸患要来了。皇上常年风吹日晒地统军在外，而您留守朝中，从未遭受过战争的劳苦，但高祖反而增加您的封邑并设置卫队，这是因为淮阴侯刚刚谋反，设置卫队保护您并非是宠信您，而是对您有所怀疑。希望您辞封赏不受，把家产和资财全都捐助给军队，那么皇上心里就会很高兴。"萧相国听从了他的谋略。高祖果然非常欢喜。

自污免祸

汉十二年（前195）的秋天，黥布反叛，高祖亲自率军去征讨他，又多次派人来询问萧相国在做什么。有一个门客劝告萧相国说："您灭族的日子不远了。您位居相国，功劳已经位居第一，还能够再加功吗？您在关中深得民心，十多年如一日，与百姓关系和谐，深受爱戴。皇上之所以屡次询问您的情况，实在是害怕您震撼关中。如今您何不多买田地，采取低价、赊借等手段来败坏自己的声誉，这样，皇上的心才会安定。"于是相国听从了他的计谋，高祖又非常高兴。

相国之死

高祖平叛黥布回来，民众拦路上书，状告相国低价强买百姓田地房屋。高祖回到京城，把民众的上书交给相国，说："你自己向百姓谢罪吧。"相国趁这个机会为民众请求说："长安一带土地狭窄，上林苑中有很多废弃荒芜的空地，希望可以让百姓们进去耕种收粮，留下秸秆做禽兽的饲料。"高祖大怒，说："你接受了商人们那么多的财物，然后就为他们请求占用我的上林苑！"于是就把相国交给廷尉，用镣铐囚禁了他。几天以后，一个姓王的卫尉侍奉高祖时问道："相国犯了什么弥天大罪，陛下把他拘禁得这样严酷？"高祖说："我听说李斯辅佐秦始皇时，有了功绩归于主上，出了差错自己承担。如今相国大量地收受奸商钱财而为他们请求占用我的苑林，以此向民众讨好，所以把他铐起来治罪。"王卫尉说:"在自己职责范围内为百姓请求有利于他们的事,这是宰相分内的事,陛下怎么能怀疑相国收受商人钱财呢!况且陛下与楚军相持数年,陈豨、黥布反叛时,陛下又亲自带兵前往平叛,当时相国留守关中,只要他动一动脚,函谷关以西的地盘就不归陛下您所有了。相国不趁此时机为己谋利,现在却要贪图商人的钱财吗?再说,秦始皇正因为看不到自己的过错而失去天下,李斯分担过错,哪里又值得效法呢?陛下为什么怀疑宰相到如此浅薄的地步!"高祖听后不太高兴。当天,高祖派人持节赦免释放了相国。相国年纪大了,一向谦恭谨慎,入见高祖时赤脚步行谢罪。高祖说:"相国算了吧!相国为民众请求苑林土地,我不答应,我不过是像桀、纣一样的君主,而你则是个贤相。我之所以把你用镣铐拘禁起来,是想让百姓们知道我的过错。"

萧何一向与曹参不和,到萧何病重时,孝惠皇帝亲自去探视他的病情,问道:"您如果不在了,谁可以接替您呢?"萧何回答说:"知臣者莫过于君主。"孝惠帝说:"曹参怎么样?"萧何叩头说:"陛下找到合适的人选了,我死而无憾了!"

孝惠二年(前193),相国萧何去世,谥号为文终侯。

论 赞

太史公说: 在秦朝时,相国萧何仅仅是个平常的文职小官吏,并无什么惊人的作为。等到汉室兴盛,仰仗帝王的余光,萧何尽职尽责,因为民众痛恨秦朝苛法,所以就顺应历史潮流,为民除旧革新。韩信、黥布等因谋反都已被消灭,而萧何的功勋更显得尊贵。他的地位为群臣之首,声望显于后世,能够跟周朝的闳天、散宜生等人媲美了。

世 家 >>>

留侯世家第二十五

本文以张良献计献策佐主平天下为主线，记述了他忠良而峥嵘的一生。青年时期，张良是一个血气方刚的豪侠式人物，不惜散尽家财行刺秦始皇为韩国报仇。追随刘邦之后，他表现出了高超的政治远见和谋略，是刘邦智囊团中的核心人物，立下了汗马功劳。刘邦对张良的评价"运筹策帷帐中，决胜千里外"，是对古今军师最高的赞赏。本篇在写实中又夹杂了一些传奇性的描写，从而使得张良的生平更具有传奇色彩。

偶得兵书

留侯张良的先人是韩国人。祖父张开地做过韩昭侯、宣惠王、襄哀王的相。父亲张平做过釐王、悼惠王的宰相。张良的父亲死后二十年，秦国灭亡了韩国。张良家有奴仆三百人，他的弟弟死了不厚葬，而用全部财产寻求勇士刺杀秦王，为韩国报仇。

张良曾经找到一个大力士，造了一个一百二十斤重的铁椎。秦始皇到东方巡游，张良与大力士在博浪沙这个地方袭击秦始皇，误中了副车。秦始皇大怒，在全国大肆搜捕，捉拿刺客。张良改名换姓逃藏到下邳。

张良闲时在下邳桥上徘徊,有一个穿着粗布衣裳的老人走到张良面前,故意把他的鞋甩到桥下,说:"小子,下去把鞋捡上来!"张良有些惊讶,本想打他一顿,但见他年老,于是忍耐着下去把鞋捡上来。老人说:"给我把鞋穿上!"张良就跪着替他穿上。老人把脚伸出来穿上鞋后就笑着离去了,走了约有一里路后又返回来,说:"五天以后天刚亮时,在这里等我。"五天后的拂晓,张良赶到那里,老人已先在那里,生气地说:"跟老年人相约反而后到,为什么?"老人离去前说:"五天以后早早来见。"五天后鸡一叫,张良就去了。老人又先在那里,又生气地说:"又来晚了,这是为什么?"老人离开时又说:"五天后再早点儿来。"五天后,张良不到半夜就去了。过了一会儿,老人也来了,高兴地说:"像这样才对。"老人拿出一部书说:"你读了这部书就可以做帝王的老师了。十年以后就会发迹。十三年后,小伙子你到济北找我,谷城山下的黄石就是我。"说完便走了,从此再也没有见到这位老人。天亮时张良一看老人送的书,原来是《太公兵法》。张良觉得这部书非同寻常,经常拿出来翻看。

追随刘邦

十年后,陈涉等人起义反秦。景驹自立为代理楚王,驻在留县。张良聚集了一百多个青年,打算前去跟随他,半道遇见了沛公,便归附了他。沛公任命张良做厩将。张良多次根据《太公兵法》向沛公献策,沛公很赏识他,经常采用他的计谋。

沛公想用两万人的兵力攻打秦朝峣关的军队,张良劝告说:"秦军还很强大,不可轻视。我听说峣关的守将是屠户的儿子,市侩容易被利益诱惑。希望您先留守军营，给五万人预备充足食物，在各个山头上增挂旗帜，叫郦食其带着贵重的宝物利诱秦军的将领。"秦军的将领果然背叛秦朝，打算跟沛公联合向西袭击咸阳。张良说："这只是峣关的守将想反叛罢了，恐怕部下的士兵们不肯听从，为防有变，不如趁着他们懈怠时攻打他们。"沛公于是率兵攻打秦军，大败敌兵，然后进驻到了咸阳，秦王子婴投降了沛公。

沛公进入秦宫，想留下住在宫里。张良说："正因秦朝残暴无道，所以沛公才能够来到这里。现在刚刚攻入秦都就想要享受安逸，这就是人们所说的'助桀为虐'。"沛公于是回军驻在霸上。

运筹帷幄

汉三年（前204），项羽把汉王围困在荥阳，事况紧急，汉王惊恐，与郦食其商议削弱楚国的势力。郦食其说："昔日商汤讨伐夏桀，封夏朝后人于杞国。周武王讨伐商纣，封其后人于宋国。如今秦朝失德政而侵伐诸侯各国，灭了六国的后代，使他们没有立足之地。陛下如果能重新封立六国的后裔，使他们接受您的印信，六国的君臣百姓一定都对您的恩德感戴不尽，归顺服从，陛下就可以面南称霸，楚王必定衣冠整齐恭恭敬敬地前来朝拜。"汉王说："好。赶快刻制印信，先生就可以带着印信出发了。"

郦食其还没有动身，张良进来谒见汉王。汉王正在吃饭，就把事情告诉了张良。张良说："我请求大王允许我用您面前的筷子为您筹划一下形势。"接着说，"昔日商汤讨伐夏桀而封其后代于杞国，那是估计能致桀于死命。当前，陛下能致项籍于死命吗？"汉王说："不能。"

张良说："这是不能那样做的第一个原因。周武王讨伐商纣而封其后代于宋国，那是估计到能得到纣王的脑袋。现在陛下能得到项籍的脑袋吗？"汉王说："不能。"张良说："这是不能那样做的第二个原因。武王攻入殷都后，在商容所居里巷的大门上表彰他，释放囚禁的箕子，重修比干的坟墓。如今陛下能重新修筑圣人的坟墓，向有才智的人致敬吗？"汉王说："不能。"张良说："这是不能那样做的第三个原因。周武王曾发放钜桥粮仓的存粮，散发鹿台府库的钱财，用来赏赐贫苦的民众。陛下能散发仓库的财物来赏赐穷人吗？"汉王说："不能。"张良说："这是不能那样做的第四个原因。周武王灭商后，弃兵车，改为乘车，倒置兵器，盖上虎皮，向天下表明不再动用武力。现在陛下能停止战事，推行文治，不再打仗了吗？"汉王说："不能。"张良说："这是不能那样做的第五个原因。周武王在华山的南面放牧战马，以示没有用它们的地方了。现在陛下能让战马休息而不再用吗？"汉王说："不能。"张良说："这是不能那样做的第六个原因。周武王在桃林的北面放牧牛，以示不再运输作战粮草。现在陛下能放牧牛群不再运输粮草吗？"汉王说："不能。"张良说："这是不能那样做的第七个原因。且说天下游说的人离开亲人，舍弃祖坟，跟随您四处奔走，只是期盼着得到一方小小的封地。假如恢复六国，拥立其后代，天下游说之人各自回去侍奉他们的主人，陛下同谁一起夺得天下呢？这是不能那样做的第八个原因。现在能做的就是削弱楚国的势力，不让六国被封的后代重新屈服楚国，否则，陛下怎能使他们臣服呢？如果真的采用郦食其的计谋，您的大事就不能成了。"汉王饭也不吃了，吐出口中的食物，骂道："这个蠢书呆子，差点坏了老子的大事！"于是赶快下令销毁那些印信。

汉六年（前201）正月，论功行赏。张良不曾有战功，高帝说："出谋划策于营帐之中，决定胜负在千里之外，这就是子房的功劳。让张良自己从齐国选择三万户作为封邑。"张良说："当初我在下邳起事，而与您在留县会合，这是上天的旨意。陛下采用我的计谋，经常生效只是侥幸，我只愿受封留县就足够了，不敢接受三万户。"于是封张良为留侯，同萧何等人一起受封。

巧助太子

皇上想废掉太子，立戚夫人生的儿子赵王如意。吕后派人胁迫留侯出个主意。留侯说："这件事用口舌来争辩是很难的。在天下，皇上敬重而不能招致而来的有四个人。这四个人都认为皇上对人傲慢，所以躲藏在山中，不肯做汉朝的臣子。如果您能不惜金银玉帛，让太子写一封言辞恭敬的信，再派口才好的人恳切地聘请，他们应当会来。来了以后以贵宾相待，有机会让皇上见到他们，皇上肯定会因为他们的贤能而对太子刮目相看。这对太子是一种帮助。"于是，吕后照留侯所说迎请这四个人。

汉十二年（前195），皇上病重，愈想更换太子。等到安闲的时候设置酒席，太子在旁侍候，那四人跟随在太子旁边，眉须洁白，衣冠华美。皇上诧异地问："他们是干什么的？"四个人向前对答，各自说出姓名，叫东园公、角里先生、绮里季和夏黄公。皇上大惊道："我访求各位好几年了，各位都躲避着我，现在你们为何出现在这里呢？"四人说太子为人仁义孝顺，谦恭有礼，因此前来相助。皇上说："烦劳诸位好好调理、保护太子吧。"皇上最终没更换太子,是留侯招致这四个人发生了效力。

留侯曾说:"我家世代为韩相,到韩国灭亡,不惜万金家财替韩国报仇,天下为之震动。如今我凭借三寸之舌为帝王老师,封邑万户,位居列侯,这对一个平民来说是至高无上的,我张良已经很满足了。我愿丢弃世间的事情,打算随赤松子去遨游。"张良于是学辟谷之术,行导引轻身之道。正值高帝驾崩,吕后感激留侯,便竭力劝他进食,说:"人生一世,时光有如白驹过隙一样迅速,何必自己苦行到这种地步啊!"留侯不得已,勉强听命进食。八年后,留侯去世,定谥号为文成侯。

论 赞

太史公说:多数学者都说没有鬼神,然而又说有精怪。像留侯遇见老人赠书的事,也算够神奇的了。高祖遭遇过很多次困境,而留侯常在危急时刻进言效力,这难道不可以说是天意吗?高祖说:"出谋划策于营帐之中,决定胜负在千里之外,我比不了子房。"我原以为他可能是高大威武的样子,看到他的画像后,发现他的相貌却像个美丽的女子。孔子曾说:"按照相貌来评判人,对于子羽来说是不适用的。"这对于留侯也是一样的。

列传 >>>

管晏列传第二

这是管仲、晏婴两位大政治家的合传,太史公给予了他们充分的赞赏。二人虽隔百余年,但他们都是齐人,都是名相,又都为齐国做出了卓越的贡献,故合传为一。本文通过鲍叔牙和晏子知贤、荐贤和让贤的故事,探讨了对待贤人应该采取的态度的问题。

管仲拜相

管仲,名夷吾,是颍上人。他年轻时常和鲍叔牙交往,鲍叔牙知道他贤明、有才干。管仲家贫,经常占鲍叔牙的便宜,但鲍叔牙始终对他很好,没有什么怨言。后来,鲍叔牙扶持齐国公子小白,管仲扶持公子纠。小白立为齐桓公后,他让鲁国杀了公子纠,管仲被囚禁。鲍叔牙向齐桓公推荐管仲。管仲被任用,辅助桓公治理国家。桓公凭借着管仲而称霸,并以霸主的身份多次会合诸侯,使天下归之于一,这都是管仲的智谋。

鲍叔牙举贤

管仲说:"我当初贫困时,曾和鲍叔牙一起做生意,分钱财时自己总是多拿一些，鲍叔牙并不认为我贪财，而是知道我家里穷。我曾经替鲍叔牙谋划事情而使他更加困顿，鲍叔牙不认为我蠢笨，他知道时运有时顺利，有时不顺利。我曾经多次做官都被国君驱逐，鲍叔牙不认为我不行，而是知道我没遇上好时机。我曾经多次打仗却又多次逃跑，鲍叔牙不认为我胆小，而是知道我家里有老母亲要赡养。公子纠失败，召忽为此而死，我被囚禁遭受屈辱，鲍叔牙不认为我没有廉耻，知道我不会为小的过失而感到羞愧，却以身名不闻达于天下而感到耻辱。生养我的是父母，真正了解我的是鲍叔牙啊！"

鲍叔牙推荐了管仲之后，情愿将自身置于管仲之下。他的子孙世世代代在齐国享有俸禄，有封地的达十几代，多为著名的大夫。因此，天下的人不称赞管仲的才能，反而称赞鲍叔牙能够识别人才。

管仲相齐

管仲任齐相执政后，凭借着齐国临海的条件，流通货物，积累财富，国富兵强，与百姓同好恶。管仲善于化凶为吉，使失败转为成功。他重视分清事物的轻重缓急和利弊得失。齐桓公实际上因怨恨少姬改嫁而想向南袭击蔡国，管仲就寻找借口攻打楚国，指责它没有向周王室进贡苞茅。桓公想向北出兵攻打山戎，而管仲就趁机让燕国整顿召公时期的政教。在柯地会盟时，桓公想背弃曹沫逼迫他订立的盟约，管仲却劝他信守盟约。如此，诸侯们纷纷归顺齐国。所以说，懂得给予是为了更好的取得，这是治理国家的法宝。管仲的富贵可以跟国君相比，齐国人却不认为他奢侈。管仲逝世后，齐国仍遵循他的政策，从而比其他诸侯国强大。此后百余年，齐国又出了个晏婴。

举贤不避贱

晏平仲，名婴，齐国莱地夷维人。他辅佐了齐灵公、齐庄公、齐景公三代国君，由于节俭、笃行、办事公正而受到齐国人的尊重。因此，他的名声显扬于各国诸侯。

晏子做齐国宰相时，一次坐车外出，车夫的妻子从门缝里偷偷地看她替宰相驾车的丈夫。她丈夫头上遮着大伞，挥动着鞭子赶着四匹马，神气十足，得意扬扬。回到家里后，妻子说："晏子身高不过六尺，却做了宰相，名声在各国显达。但他秉持那种甘居人下的态度。而你身高八尺，却做人家的车夫，还神态自满，你该好好反省才是。"此后，车夫就谦虚恭谨起来。晏子发现了他的变化，问其原因，车夫如实相告。晏子就推荐他做了大夫。

论 赞

太史公说：管仲是世人皆知的贤臣，然而孔子却小看他，难道是因为周朝衰微，管仲不辅佐贤明的桓公实行王道却助他称霸吗？古语说："顺势助成君子的美德，纠正他的错误，因此君臣百姓之间能亲密无间。"这说的是管仲吧。当初晏子伏在庄公尸体上痛哭，礼成后离去，难道是人们所说的"遇见正义的事不去做就是不够勇敢"的表现吗？至于晏子敢于直言进谏冒犯国君的威严，这就是人们所说的"进就竭尽忠心，退就弥补过失"的人啊！假如晏子还活着，即使是为他挥鞭子赶车，也令我十分向往啊！

列传 >>>

老子韩非列传第三

这是一篇关于先秦道家和法家代表人物的传记。太史公将老、庄、韩合为一传,代表了汉人对道家与法家关系的重要看法。他们的学说虽有联系,但也有许多不同之处。太史公作四人合传,或陈罗胸臆,或纵横概括,或指点评说,汪洋恣肆,是一篇很有气魄的雄文,非大家不能作。

老子道德

老子,楚国苦县厉乡曲仁里人,姓李,名耳,字聃,做过周朝掌管藏书室的史官。

孔子前往周都向老子请教礼的学问。老子说:"您所说的礼,指人和骨头都已经腐烂了,但他的言论还在。况且,君子时来运转的时候就驾着车出去做官,时运不济时就像蓬草一样随风飘转,身不由己。我听说,精明的商人把货物隐藏起来,表面看上去什么也没有。君子品德高尚,但容貌谦卑得像愚钝的人。抛弃您的傲气和贪欲、做作的情态神色和过大的志向,这些对于您自身都是没有好处的。我能告诉您的,就是这些了。"孔子回去后对弟子们说:"鸟,我知道它能飞;鱼,我知道它能游;兽,我知道它能跑。会跑的可以用网捕捉它,会游的可用丝线去钓它，会飞的可以用箭去射它。至于龙，我就不知道该怎么办了，它是乘着风而飞上天的。我今天见到的老子，大概就是龙吧！"

老子研究道德，他的学说宗旨是隐匿声迹，不求闻达。他在周都住了很久，见周朝政治衰微，于是离开了。到了函谷关，关令尹喜对他说："您就要隐居了，请勉力为我们写一本书吧。"于是老子就撰写了本分为上下篇的书，共五千多字，阐述了道德的本意，然后离去，没人知道他去了哪里。

据说老子活了一百六十多岁，也有的人说活了二百多岁，都是因为他修道养心所以才长寿的啊。

庄子不仕

庄子，蒙地人，名叫周。他曾经做过蒙地漆园的官吏，和梁惠王、齐宣王是同一时代的人。他学识渊博，涉猎的范围很广，他的基本思想源于老子的学说。他撰写了十余万字的著作，大多是有所托指的寓言。他写的《渔父》《盗跖》《胠箧》是用来诋毁孔子学派而维护老子学说的。《畏累虚》《亢桑子》一类，都只有言语没有实事。可是，庄子善于铺陈辞藻，描摹事物的情状，用来驳斥儒家和墨家，即使是当世博学之士，也难免受到他的攻击。他的语言汪洋恣肆，展露自己的性情，所以王公大人都不器重他。

楚威王听说庄周贤能，派使臣带着丰厚的礼物去聘请他，许诺他任曹国的宰相。庄周笑着对楚国使臣说："千金，确实是厚礼；卿相，确实是尊贵的高位。您难道没见过祭祀天地用的牛吗？好好喂养它几年，给它披上带有花纹的绸缎，然后把它牵进太庙去当祭品，这个时候的它，即使想做一头小猪，还能办得到吗？您赶快走吧，不要玷污了我。我宁愿快乐地在小水沟里游戏，也不愿束缚于国君。我终身不做官，为的是让自己的心志愉快。"

韩非法治

韩非是韩国的贵族子弟，他爱好刑名法术学问。他的学说的理论基础本源于黄帝和老子。韩非口吃，口才不是很好，却擅长著书立说。他和李斯都师从荀卿，李斯自认为学识比不上韩非。

韩非见韩国逐渐衰弱下去，屡次上书劝谏韩王，但韩王没有采纳他的意见。当时韩非痛恨治理国家不致力于修明其法制，不能凭借君王的权势驾驭臣子，不能富国强兵寻求任用贤能之士，反而任用夸夸其谈、对国无益的游说之士，且让其地位高于讲求实效的人。他认为儒家用经典文献扰乱国家法制，而游侠倚仗武力违反国家禁令。国家太平时，君主就宠信那些徒有虚名的人；形势危急时，就使用那些身披铠甲的武士。现在国家供养的人并不是所要用的，而所要用的人又不是所供养的。他悲叹廉洁正直的人不被邪枉之臣所容，他考察了古往今来的成败得失，所以写了《孤愤》《五蠹》《内外储》《说林》《说难》等十余万字的著作。

然而，韩非深切地清楚游说的困难，他撰写的《说难》一书，讲得非常详细，但是他最终还是死在秦国，不能逃脱游说的祸难。

《说难》中写道：大凡游说的困难，不是我的才智不足以说服君主，不是我的口才不足以明确地表达出我的思想，也不是我不敢毫无顾虑地把意见全部表达出来，而在于如何了解游说对象的心理，然后用自己的说辞去适应他。

韩非的著作传到秦国后，秦王见到《孤愤》《五蠹》这些书，说："唉，如果我能见到这个人并能和他交往就死而无憾了。"李斯说："这是韩非撰写的书。"秦王就立即攻打韩国。当初韩王不重用韩非，看到这样的形势，就派遣韩非出使秦国。秦王很喜欢他，但还没完全信任他。李斯、姚贾嫉妒他，就在秦王面前诋毁他说："韩非是韩国贵族子弟，现在大王要吞并各国，韩非最终还是要帮助韩国而不是秦国，这是人之常情啊！如今大王不任用他，如果把他留在秦国很长时间又把他放回去，这是给自己留下祸根啊！不如给他加个罪名，依法处死他。"秦王赞同，就下令司法官吏给韩非定罪。李斯派人给韩非送去毒药，叫他自杀。韩非想当面向秦王陈述是非，但根本见不到。后来，秦王后悔了，派人去赦免他，可惜韩非已经死了。

论 赞

太史公说：老子主张的"道"讲究虚无，以无所作为来适应各种变化，所以他的书里的很多措辞微妙而不易懂。庄子推演道德，发表推论而不受约束，其要点也来源于自然无为的道理。申子勤奋自勉，推行循名责实。韩非以法度为准绳规范行为，决断事情，明辨是非，用法严酷苛刻而少施恩。他们都本源于道德的理论，而老子的思想学说就更加深远了。

列传 >>>

孙子吴起列传第五

这是中国古代三位著名军事家孙武、孙膑和吴起的合传。全篇以兵法贯穿其中,分别展示了三位军事家的用兵智慧。诸如孙武执法如山不苟言笑,吴起求将杀妻等情节颇有戏剧性,又使得人物形象栩栩如生。田忌赛马、围魏救赵等也成为中国家喻户晓的经典军事故事。

兵圣孙武

孙子名武,齐国人,因为他精通兵法而被吴王阖庐接见。阖庐说:"您的十三篇兵书我都看过了,可用来统率小规模的军队吗?"孙子说:"可以。"阖庐说:"可以用妇人来试验吗?"回答说:"可以。"于是阖庐调集宫中美女百八十人,全部交给孙子调率。孙子把她们分成两队,让吴王最宠爱的两位侍妾分别担任两队的队长,分给每个宫女一支戟。号令宣布完毕后,摆好斧钺等刑具,就击鼓发令叫妇人们向右,她们都哈哈大笑,乱成一团。孙子说:"纪律不清楚,口令不熟悉,这是两个队长的过错。"他又多次重复交代律令,再次击鼓发令让她们向左、向右转,妇人们又都笑成一团。孙子说:"现在既然任何律令都清清楚楚,不遵照口令行事,那就是队长和士兵的过错了。"于是就要杀掉两队的队长。吴王正站在台上观看，见孙子要杀自己的爱妾，大吃一惊。他急忙派人传达命令说："我已经知道将军很会用兵了，如果没了这两个侍妾，我吃东西也不会香，希望你不要杀她们吧。"孙子回答说："我已经接受了为将命令，将在军队里，国君的命令有的可以不接受。"最后还是杀了两个侍妾示众。于是再击鼓发令时，妇人们不论是向左右、向前后、跪倒、站起都按照号令、纪律的要求一一来做，再没有人敢嬉笑打闹。从此，吴王知道孙子果然善于用兵，于是任他为将军。后吴国向西打败了强大的楚国，攻克郢都，向北威震齐、晋两国，名扬于诸侯各国。其中，孙子功不可没。

孙膑入齐

孙子死后一百多年，有了孙膑。孙膑出生在阿城和鄄城一带，也是孙武的后代。他曾与庞涓一起学习兵法。庞涓到魏国以后，当上了将军，却仍自知才能不及孙膑。他秘密地把孙膑找来。孙膑一来，庞涓害怕他比自己更有才能，心里很妒忌他，就假借罪名砍掉他的双脚，又在他的脸上刺字，想让他藏起来不得见人。

齐国的使臣来到大梁，孙膑以犯人的身份偷偷地会见了他，进行游说。齐国的使臣认为他是个难得的人才，就用车偷偷地把他载到齐国。齐国将军田忌很赏识他，以厚礼相待。之后，田忌又把孙膑推荐给了齐威王。威王向他请教兵法后，就把他当作老师。

围魏救赵

后来魏国攻打赵国，形势十分危急，赵国向齐国求救。齐威王想任孙膑为主将。孙膑辞谢说："受过酷刑的人是不能任主将的。"于是就任命田忌为主将，孙膑为军师，坐在有帷盖的车里出谋划策。田忌想带军队直奔赵国，孙膑说："要解开缠绕的乱丝，不能紧握拳头生拉硬拽；劝解打架的人，不能卷进去胡乱争斗，而要抓住争斗者的要害，其被形势所逼就不得不自行解开。如今魏国攻打赵国，其部队必定在前方精疲力竭，老弱残兵在国内疲惫不堪。你不如趁此火速向大梁进军，占据它的交通要道，袭击它空虚的地方，魏国必定会放弃赵国而回兵自救。这样，我们既可以解赵之围，又可以坐收魏国战败的成果。"田忌听从了孙膑的意见。魏军果然从邯郸撤兵回国。结果，魏军在桂陵与齐军交战，被齐军打得大败。

马陵道斗智

十三年后，魏国和赵国联合攻打韩国，韩国向齐国告急。齐王派田忌率领军队前去救援，径直挺进大梁。魏将庞涓得知，就从韩国迅速撤军回魏国，而此刻齐军已经越过边界向西长驱直入了。孙膑对田忌说："魏军素来凶猛彪悍，看不起齐军，认为齐军胆小怯懦。善于统军作战的将领要认清这样的形势而加以引导。"庞涓行军三日，非常高兴地说："我向来知道齐军胆小怯懦，进入我们国境才三天，逃跑的就超过了一半啊！"于是丢下他的步兵，带领精锐部队日夜兼程地追击齐军。孙膑从他的行军速度估计他当晚可以赶到马陵。马陵的道路陡峭狭窄，两旁又多是山崖险隘，适合埋伏军队。孙膑把一棵树的树皮砍去，在白木上写道："庞涓死于此树之下。"于是命令万名善于射箭的齐兵埋伏在马陵道两旁，约定说："夜里看见树下火光亮起就万箭齐发。"

当晚，庞涓果然赶到砍去树皮的大树下。他见白木上有字，就点火照树干。上面的字还未读完，齐军伏兵就万箭齐发，魏军大乱。庞涓自知智穷，兵败已成定局，就拔剑自刎了。齐军乘胜追击，将魏军彻底击溃。孙膑从此名扬天下，后世皆流传他的兵法。

名将吴起

吴起是卫国人，善于用兵。他曾经师从曾子，侍奉鲁国国君。齐国人攻打鲁国，鲁君想任吴起为将军。但是吴起娶的妻子却是齐国人，因此鲁君并不信任他。当时，吴起一心想成就功名，就把自己的妻子杀了，以此表明他不亲附齐国。鲁君终于任命他做了将军，率领军队把齐军打得大败。

这时，吴起听说魏国文侯贤明，想去投奔他。后来魏文侯就任用他为主将攻打秦国，夺取了五座城池。

吴起为将领，与最下等的士兵穿一样的衣服，吃一样的饭食，睡觉不铺席子，行军不乘车马，身上背着粮食与士兵们同甘共苦。有个兵卒生了恶性毒疮，吴起亲自为他吮吸脓液。

魏文侯死后，吴起侍奉他的儿子魏武侯。武侯泛舟沿黄河而下，半途对吴起说："山川如此壮阔美好，真是魏国的珍宝啊！"吴起回答说："施德于民才能使国家政权稳固，而与地势的险要无关。昔日三苗氏左临洞庭湖，右临彭蠡泽，但由于他不修德义，所以夏禹能灭掉他。夏桀的领土左临黄河和济水，右靠泰山和华山，南边有伊阙山，北面有羊肠坂，但由于他不施仁政，所以商汤放逐了他。殷纣的领土左边有孟门山，右边有太行山，北边有常山，南面有黄河流过，但因为他不施仁德，被武王杀了。如果您不施德政，即便同乘一条船的人也有可能会变成您的仇敌啊！"武侯赞道："讲得好。"

齐相田文死后，公叔痤出任魏国国相，并娶了魏君的女儿，却畏忌吴起。公叔痤的仆人与他一起设计让武侯对吴起起了疑心，不再信任他。吴起怕招来祸端，于是离开魏国到楚国去了。

楚悼王一直听说吴起是个人才，吴起刚到楚国就任他做国相。他明确法令，依法办事，精兵简政，停止封地较远的贵族的惯例供给而用来抚养战士。他致力于军事力量的增强，揭穿游说之客的说辞。于是，他向南平定了百越；向北吞并了陈、蔡两国；逼退韩、赵、魏三国的进攻；向西讨伐了秦国。各诸侯国开始忧患于楚国的强大。以前被吴起停止供给的那些封地较远的贵族都对吴起怀恨在心。等悼王一死，王室大臣纷纷作乱攻打吴起，吴起逃到悼王的停尸处，伏在他的尸体上。攻打吴起的人用箭射吴起，同时也射中了悼王的尸体。悼王被安葬后，太子即位。太子让令尹把射杀吴起和射中悼王尸体的人全部处死，由于此事被灭族的有七十多家。

论　赞

太史公说：社会上研究兵法的人，无不称道《孙子兵法》十三篇和吴起的《吴子兵法》，这两部书流传很广，所以不再过多论述，只评论他们的平生事迹等一些情况。俗话说：能做的未必能说，能说的未必能做。孙膑对庞涓的算计是英明的，但是他也不能使自己躲避刖足的酷刑。吴起向魏武侯讲施德政与地势险要的道理，然而他到楚国后，还是因为暴虐少恩葬送了自己的生命。可悲啊！

列传 >>>

伍子胥列传第六

在这篇列传中,作者着重记述了伍子胥为报杀父兄之仇,弃小义而灭大恨的事迹。伍子胥一生可谓传奇,他为报父兄之仇,不惜四处逃亡。他困窘江岸,沿途乞讨时仍片刻不忘心中仇恨,历尽坎坷后,不惜掘墓鞭尸,以泄愤恨。难怪太史公感慨:"怨毒之于人甚矣哉!"

父兄被害

伍子胥是楚国人,名员。他的父亲叫伍奢,哥哥叫伍尚。因为祖先侍奉楚庄王时直谏而显贵,因此后代子孙在楚国很有声名。

楚平王派伍奢做太子建的太傅,让费无忌做太子的少傅。费无忌并不忠心于太子建。平王派费无忌到秦国为太子建娶亲。他看到秦女长得很美丽,就跑回来对平王说:"这是个绝代美人,大王可以自己娶了她,另外给太子选个人。"平王就另外给太子择亲,而自己娶了秦女,并十分宠爱。秦女生了儿子轸,这就是后来的昭王。

费无忌向楚平王献媚后,就离开了太子去侍奉平王。但是他担心有一天平王死了,太子建即位就会杀了自己,于是他就在平王面前诋毁太子。平王慢慢地不相信太子,于是派太子去驻守城父,守护边疆。

不久，费无忌又在平王面前不停地说太子建的坏话，他说："因为秦女的事，太子不会对您没有怨恨的情绪，希望大王您能有所防备。太子驻守城父统率军队之后，对外与诸侯交往频繁，这是要入城作乱的迹象啊！"平王就召回他的太傅伍奢来审问。伍奢知道费无忌的所作所为，就说："大王怎么能因小人的谗言就疏远自己的骨肉呢？"费无忌反驳说："大王现在不阻止，一旦他们的阴谋得逞，大王就只能等着被逮捕了！"于是平王大怒，把伍奢囚禁起来，又派城父司马奋扬去杀太子。太子知道了消息就逃走了。

费无忌对平王说："伍奢的两个儿子都很有才能，如果不杀死他们，终有一日会成为楚国的祸患。"平王派人去召伍奢的两个儿子，并说："来，你们的父亲就可以活命；不来，就立即杀死伍奢。"伍尚想去，伍员说："楚王召我们兄弟，并不是想留住父亲的性命，而是用父亲做人质骗我们，他怕我们逃走会成为楚国的祸患。只要我们一去，就要和父亲一起赴死。那样，我们就报不成仇了。不如逃到别的国家去，借助别国的力量报仇雪耻。"伍尚说："我知道我们去了也不能保住父亲的性命。可只恨父亲召我们是为了活下去，如果不去，日后我们又不能报仇雪耻，那时就会被天下人耻笑啊。"又说："依你的能力是可以报父亲之仇的，你逃走吧，我去赴死。"伍尚被捕后，伍子胥就逃走了。他听说太子建在宋国，就前去投奔他。楚平王就把伍尚和伍奢一起杀了。

🌸 伍员逃国

伍子胥到宋国后，正赶上宋国华氏作乱，于是他就和太子建一起逃到了郑国。郑国国君对他们很好。太子建又到了晋国，晋顷公说："太子与郑国相互信任，如果太子做我们的内应，我们从外面攻打进去就肯定能灭掉郑国，那时就把它分封给您。"于是太子回到郑国，等待举事的时机。这时，太子因为一些小恩怨想杀掉一个他的随从，这个人就把太子的计划全部告诉了郑国。郑定公和子产一起杀死了太子建。伍子胥很害怕，就和太子建的儿子胜一起向吴国逃去。到昭关时，昭关的官兵要捉拿他们。于是，伍子胥和胜分头逃跑，追兵在后紧追不舍。逃到江边时，江中的船上站着一个渔翁，他知道伍子胥的情况很危急，就将他渡过了江。伍子胥过江后，解下随身宝剑说："此剑价值百金，把它送给您吧！"渔翁拒绝道："按楚国的法令，抓到伍子胥的人要赏给五万石粮食，加封执珪的爵位，我难道是图你百金的宝剑吗？"伍子胥在逃往吴国的路上得了病，只能停下来讨饭吃。到达吴都后，伍子胥就通过公子光将军的关系求见吴王僚。

过了很久，楚国和吴国边邑两地养蚕的女子为争采桑叶而相互厮打，楚平王大发雷霆，于是两国都派出了军队。吴国派公子光攻打楚国，攻克了它的钟离和居巢就班师回国了。伍子胥劝说吴王僚说："楚国是可以攻破的，希望再派公子光去。"公子光对吴王说："伍子胥的父亲和哥哥都是被楚国杀死的，他劝大王攻打楚国，只不过是为了报他的私仇，并不是只要攻打便可以破楚国啊。"伍子胥知道公子光的野心在国内，他想杀死吴王僚而自立为君，对外的军事行动是无法劝说他的，于是就将专诸推荐给了公子光，然后离开朝廷，与胜一起到乡下种田去了。

扶持吴王

五年后，楚平王死了。吴王僚派烛庸、盖余二公子领兵袭击正在办丧事的楚国。楚国出兵切断了吴国军队的后路，使吴军不能回国。正当吴国国内空虚，公子光就派专诸暗杀了吴王僚，自立为王，这就是吴王阖庐。阖庐自立后召回伍员，官拜为行人，与他共谋国事。

阖庐四年（前511），吴国攻打楚国，夺取了六地和灊地。阖庐五年，打败了越国。阖庐六年，楚昭王派公子囊瓦领兵攻打吴国。吴国派伍子胥出战，大败楚军于豫章，夺取了楚国的居巢。

鞭尸复仇

阖庐九年（前506），吴军乘胜追击，五次大战后攻到了郢都。楚昭王逃亡。吴兵进入郢都，伍子胥到处搜寻昭王都没有找到，就挖开楚平王的坟墓，拖出他的尸体用鞭子抽打了三百下。伍子胥和申包胥是很好的朋友，当初伍子胥逃跑时曾对申包胥说："我一定要颠覆楚国。"此时逃到山里的申包胥派人告诉伍子胥说："您这样报仇简直太过分了！我听说：'人数多能够胜天，天道安定也能击破人力。'您曾经作为臣子侍奉过平王，如今却连死人也侮辱，难道这不是丧尽天良、毫无天道吗！"伍子胥对来人说："你告诉申包胥：'我就像快要落山的太阳，但是还有很多志向没有完成，不知道何时便死了，还遵循什么做事的伦理！'"于是申包胥跑到秦国去求救，秦国不答应。申包胥站在秦国的朝堂上昼夜不停地哭，七天七夜不绝于耳。秦哀公同情他，就派了五百辆战车去攻打吴国。此时吴国内部发生叛乱，楚昭王见吴国如此就又打回郢都。楚国再次和吴军作战，打败了吴军，吴王就回国了。

冤死沉江

又过了五年，吴军攻打越国，阖庐受伤而死。夫差即位后，任用伯嚭做太宰，在会稽山上打败越王。越王派人来求和，伍子胥说："越王勾践为人隐忍，如今大王如果不除掉他，日后必有后悔的时候。"吴王不听伍子胥劝告，而采纳了太宰伯嚭的意见和越国讲和了。

太宰伯嚭经常在吴王面前诽谤伍子胥。吴王就派使臣把属镂宝剑赐给伍子胥，让他自杀。伍子胥仰天长叹说："唉！谗言小人伯嚭要作乱，大王反来杀我。是我助你父亲称霸。你还没立为太子时，公子们争着做太子，是我在先王面前冒死相争，否则你无法得到太子的位置。你被立为太子后，还答应分吴国一部分给我，我不敢奢望你报答我，可现在你竟听信小人的谗言来杀害我。"于是他对亲近的门客说："你们一定要在我的坟墓上种植梓树，让它成材后做棺材。挖出我的眼珠悬挂在吴国都城的东门楼上，我要亲眼看着越寇怎样杀入都城，灭掉吴国。"然后伍子胥自刎而死。吴王听说后大怒，就用皮革袋子装了伍子胥的尸体扔进江里。吴国人同情他，在江边为他修建了祠堂，又把此地命名为胥山。

论　赞

太史公说：仇恨对于人来说是多么可怕的事！国君尚不能与臣子结下仇恨，更何况地位相同的人呢！如果伍子胥追随他的父亲和哥哥一起死去，和蝼蚁又有什么不同。放弃小义，报仇雪耻，名传于后世，可悲啊！当初伍子胥被困江边，在路上讨饭的时候，他曾有片刻忘记郢都的仇恨吗？所以，他含恨隐忍从而成就功名，不是刚烈的男子怎能达到这种地步呢？

列传 >>>

商君列传第八

这篇传记主要记述了商鞅事秦变法革新、功过得失,以及卒受恶名于秦的史实,倾注了太史公对其刻薄少恩所持的批评态度。商鞅三见孝公,说以强国之术,在列强争雄的战国时代,秦国以一个边陲小国一跃成为吞并六国的强国,这与商鞅变法的贡献是分不开的。但是,这样一个"治世不一道、便国不法古"的治国能臣,却因残暴落得个车裂族灭的下场。

❀ 不被重用

商君是卫国国君的妾生的儿子,名鞅,姓公孙。卫鞅年轻时就喜欢刑名法术,作为中庶子侍奉魏国国相公叔痤。公叔痤生病,魏惠王亲自前去探望,问:"你的病如果好不了,那国家社稷该怎么办呢?"公叔痤回答说:"我的中庶子卫鞅年纪虽轻却有奇才,希望大王能把国家大事托付给他。"又说:"如果大王不任用他,就一定要杀掉他,不要让他到别的国家去。"魏王答应了他的要求。惠王走后,公叔痤招来卫鞅,道歉说:"刚才大王问我之后谁能担任国相,我向他推荐了你。但我看大王好像不同意我的建议,我告诉他如果不用你就要杀掉你,现在你赶快离开吧,不然就会马上被擒的。"卫鞅说:"既然大王不肯听你的话任用我,又怎么会听你的话来杀害我呢？"最终他还是没有离开魏国。惠王最终果然没有重用他。

三见孝公

公叔痤死后不久，卫鞅听说秦孝公在国内寻访有才能的人，他就西去秦国，利用孝公的宠臣景监求见孝公。孝公召见卫鞅，卫鞅说了很长时间的治国之法，孝公瞌睡连连，根本听不进去。事后孝公迁怒景监说："你推荐的人只是个说大话的家伙，怎么能任用呢！"景监就去责备卫鞅。卫鞅说："我用尧、舜等五帝治国的方法劝说大王，他的心智不能领会。"过了几天，景监又请求孝公召见卫鞅。卫鞅再见孝公时，又畅谈治国之道，可还是与孝公的心意合不到一起。事后孝公又责备景监，景监也责备卫鞅。卫鞅说："我用夏、商、周三代王的治国之法劝谏大王，而他听不进去。请您求他再召见我一次。"卫鞅又一次见到孝公。会见结束后，孝公对景监说："你的客人不错，我可以与他好好谈谈了。"景监告诉卫鞅，卫鞅说："我用春秋五霸的治国之法游说大王，他的意思好像是准备采纳了。如果真的要再见我，我就知道该说些什么啦。"于是卫鞅又见到了孝公，这次十分投机，孝公听得很认真，在垫席上的膝盖不知不觉地向前挪动了好几次，谈了好几天都不觉得厌倦。

实施变法

孝公打算任用卫鞅变更法度，又怕天下人议论自己。卫鞅说："圣人只要能使国家富强，就不必遵循古法；只要能够利于人民，就不必遵循旧礼。"又说："治理国家没有固定的方法，只要有利于国家就没有必要仿效旧法度。所以汤武不遵循古法而能称王于天下，夏殷不改变旧的礼制而灭亡。反对旧法的人不能完全否定，而遵循旧礼的人不值得称赞。"孝公于是任命卫鞅为左庶长，制定了变法的政策。

孝公下令把十家编为一什，五家编为一伍，各家互相监督检举，若一家犯法则十家一并治罪。明知奸恶而不告发的处以腰斩，告发奸恶的与斩敌首级的封赏一样，藏匿奸恶的与投降敌人的刑罚一样。一家有两个以上的壮丁而不分居的，赋税加倍。有军功的人，按规定标准封爵领赏；因为私利打架斗殴的，视情节轻重处以刑罚。从事农业生产的，粮食与布帛增产免除劳役或赋税。从事工商业因懒惰而贫困的，其妻、子全部没收为官婢。在王族中而没有军功的，不得列入家族的名册。明确尊卑爵位等级秩序，各按等级差别占有土地、房产，家臣奴婢的衣裳、服饰，按各家爵位等级决定。有军功的显赫富贵，没有军功的即使很富有也不能显荣。

南门立木，取信于民

新法制定好后还未公布，卫鞅唯恐在百姓中间树立不起威信，于是就在都城市场的南门竖起一根三丈高的木头，招募能把木头搬到北门的百姓，成功的就赏以十金。百姓们都觉得很奇怪，没人敢应募。卫鞅又宣布："能把木头搬到北门的人赏五十金。"有一个人抱着试试的态度把它搬到了北门，卫鞅当下就赏给他五十金，以此表明令出必行，绝不欺骗。事后，新法就颁布了。

秦强民惧

新法施行整一年，秦国老百姓到国都说新法不方便的人数以千计。正当这时，太子触犯了新法。卫鞅说："新法之所以不能顺利推行，是因为上层人的触犯。"于是将按新法治太子的罪。太子是国家的继承人不能施以刑罚，于是就处罚了督导他行为的老师公子虔，以墨刑处罚了授予他知识的老师公孙贾。第二天，秦国人就都遵守新法令了。新法推行了十年，秦国百姓都非常高兴，路不拾遗，山中无盗，生活富裕。百姓纷纷为国家打仗献力，不敢为私利争斗，无论乡村或城镇，秩序都很安定。

卫鞅被任命为大良造，带领军队围攻魏国安邑，降服了他们。秦国都城从雍地迁到咸阳，并下令禁止百姓父子兄弟同居一室；把散落的乡镇、村庄合并成县，设置了县令、县丞，总共分为三十一个县；废除井田制，重新划分田塍的界线，鼓励开垦荒地；平衡赋税；统一全国的度量衡制度。秦国富强，周天子把祭肉赐给秦孝公，各国诸侯都来祝贺。

第二年，齐国军队在马陵打败魏军。卫鞅劝孝公说："魏国以往被齐国打得大败，诸侯大多背叛了它，趁此良机刚好攻打魏国。魏国敌不过秦国，一定会向东退。这样，秦国就占据了黄河和崤山的险固，向东就可以制约各诸侯国，这是统一天下的帝王大业啊！"孝公就派卫鞅率领军队攻打魏国。魏惠王的军队数次被齐、秦击溃，就割让了河西土地作为求和的条件献给秦国。魏惠王说："我真后悔当初没听公叔痤的话啊！"卫鞅打败魏军归来，孝公把於、商十五个邑封给了他，封号叫商君。

忠言逆耳

商君任秦相十年，很多皇亲贵族都怨恨他。赵良去见商君。商君说："由于孟兰皋的介绍你我才相识，我们交个朋友好吗？"赵良回答说："鄙人不敢奢望。"商鞅说："您认为我对秦国的治理不好吗？当初，秦国的习俗如戎狄一般，如今我改变了秦国的教化，从而使男女有别，分居而住，大造宫殿城府，把秦国营建得像鲁国、魏国一样。您看我治理国家与五羖大夫比，谁更有贤德？"赵良说："那五羖大夫只是楚国偏僻的乡下人，他想去拜见贤明的秦穆公，却没有路费。他就把自己卖给秦国人，穿着粗布短衣给人家喂牛。他出任秦相六七年，出征讨国，功德无量，四方少数民族都前来朝见。五羖大夫出任秦相，累了不坐车，热了不打伞，无论走到哪里都不带随从的车队，更不带武装防卫，这就是他的德行啊！身为秦相不为百姓谋利却大造宫阙，这就称不上为国家建功立业了。刑罚太子的师傅，用严刑酷法残害百姓，这是在积累怨恨和祸患啊。教化百姓比命令百姓更得人心，百姓模仿政府的行为比政府的命令更为迅速。如今您违背情理地建立权威，变更法制，这不是对百姓的教化啊。您又在封地南面称君，每日用新法来约束秦国的贵族子弟，又用酷刑惩罚公子的老师，公子虔已经有八年闭门不出了。这几件事都不得人心。假如您出门不带着载有披甲戴盔的卫士的数十辆车、身强力壮的贴身护卫和手持矛戟的随从，您必定不敢出门。您的处境如此危险，秦王一旦弃用宾客而不能当朝，难道秦国想要您首级的人能少吗？为什么您不把商、於十五邑封地交还给秦国，到偏乡僻壤的地方种菜耕地，这样才是平安之策啊。"但商君没有听从赵良的劝告。

车裂之祸

五个月后,秦孝公去世,太子即位。公子虔等人告发商君要造反,派人去逮捕他。商君逃跑到边境关口,进入一家旅店。旅店的主人不知道他的身份,说:"商君有令,没有证件的人住店,店主要判连带罪。"商君长叹一口气说:"唉!制定新法的贻害竟然报应到了这里!"于是他离开秦国逃到魏国。魏国人怨恨他欺骗公子卬而打败魏军,拒绝收留他,并说:"秦国很强大,它的逃犯跑到魏国来不送还是不行的。"于是把商君送回秦国。商君回到秦国后就逃到他的封地商邑,和他的部属一起出动邑中的士兵向北攻打郑国寻求生路。秦国出兵攻打商君,把他杀死在郑国黾池。秦惠王对商君施以五马分尸示众的刑罚,告诫说:"不要像商鞅那样谋反!"于是就诛灭了商君全家。

论 赞

太史公说:商君的天性本来就是个残暴少恩的人,他当初用帝王之道游说孝公是凭借着浮说,不是他自身的素质。再说他的被任用全是因为国君宠臣太监的推荐,等到任秦相后就刑罚公子虔,欺骗魏将公子卬,不听赵良的忠言,这些足以证明他残暴少恩了。我曾经读过商君开塞耕战的书,与他的为人做事很类似。但他最终还是在秦国落个谋反的恶名,这是有原因的呀!

列传 >>>

苏秦列传第九

苏秦为战国纵横家杰出的代表人物,先以连横游说秦国,失败后转而以合纵游说六国。他察六国君王心意,指陈利害,因势利导,慷慨陈词。他游说八方,佩六国相印,功成名就。太史公运用多种文法记述苏秦游说六国,或娓娓道来,或峰回路转、跌宕起伏,美不胜收。

初游受挫

苏秦是东周雒阳人,他曾东到齐国拜师求学,跟随鬼谷子学习。他在外游历多年,穷困潦倒地回到家里。兄弟、哥嫂、妻妾都在背地里讥笑他说:"周人的习俗是治理产业,从事工商等盈利事业。如今你舍弃老本行而去干耍嘴皮子的事,就算穷困潦倒了也是应该的呀。"苏秦听后暗自惭愧、伤感,就闭门不出,把自己的书拿出来全部读了一遍,说:"一个人既然已经埋头读书,却不能凭它获得尊荣,即使读再多的书又有什么用呢?"于是他找到一本周书《阴符》,伏案苦读。一年后,他若有所思地说:"有了它,就可以游说当世的国君了。"他去求见并游说周显王。可是周显王身边的臣子向来了解苏秦的为人,瞧不起他,因而周显王也不信任他。

于是，他向西到了秦国，打算游说秦惠王。秦国刚刚处死商鞅而憎恶游说的人，所以不用苏秦。

游说六国

苏秦去燕国游说，等了一年多才见到燕王。他游说燕文侯道："大王知道燕国不被侵犯的原因吗？那是因为赵国遮蔽在燕国的南面，如果秦国想攻打燕国，就要穿越几千里；而赵国如果要攻打燕国，不出半月就会攻到燕国的都城了。所以说秦国攻打燕国，是在千里之外作战；赵国攻打燕国，是在百里以内作战。对百里之内的祸患不重视而忧虑千里之外的敌人，这绝对是一个错误的策略。因此希望大王与赵国合纵，把各国联成一体对抗强秦，那燕国就不会有忧虑了。"

文侯说："您说得很对，您一定要用合纵的办法使燕赵两国相安无事，我愿意举国听从您的安排。"

文侯赞助苏秦车马钱财，他到赵国，劝赵肃侯说："秦国最痛恨的就是赵国了。然而秦国为什么对赵国迟迟不敢发兵呢？它是害怕韩国和魏国在后边暗算。这样，韩国和魏国可算是赵国南边的屏障了。秦国如果攻打韩、魏，没有什么阻隔，就会像蚕吃桑叶一样，韩、魏势必不能抵挡秦国，那么战祸必然会威逼到赵国了。我考察过天下的地图，各诸侯国的土地五倍于秦国，士兵十倍于秦国，不如使韩、魏、齐、楚、燕、赵结成一个整体共同抵抗秦国，那么秦国一定不敢侵犯山东六国了。"赵王听了很高兴，于是让苏秦做了相国，赐了财物去联络各国。

于是苏秦去游说韩宣王道："韩国有坚固的要塞和几十万的部队，而大王却向西侍奉秦国，拱手称臣。况且您的土地是有限的，而秦国的贪婪是无止境的，用有限的土地去换取无止境的索取，灾祸就会越来越近了，我为大王感到羞耻啊。"

苏秦又游说魏襄王道："魏是强大的国家，王是贤明的国君。现在您竟然有意向西侍奉秦国，接受秦国的分封，向它进献贡品。《周书》上说：'细嫩枝节如果不及时砍掉，等长粗壮了就得用斧子了。'事前不考虑清楚，事后必有大难临头。大王如果能听从我的建议，六国合纵，齐心合力，就一定没有强秦侵害的祸患了。"

苏秦又向东方游说齐宣王道："齐国，四面皆有天险，土地纵横两千里，军队几十万，为何要讨好秦国？齐国与秦国相距甚远，秦国是不会轻易攻打齐国的。齐国应与赵国结盟，六国团结一致，互为救援。"

之后，苏秦又向西南去游说楚威王，说："秦国最大的忧患就是楚国，二者不能同时并存。所以，如果大王不接受合纵，秦国一定会出动两支军队，一支从武关出击，一支直下黔中，那么鄢城、郢都的局势就动摇了。秦如虎狼，有吞并天下的野心。合纵相亲，各诸侯就会割让土地侍奉楚国；连横成功，楚国就要割让土地侍奉秦国，这二者，大王要处于哪一方呢？"

楚王说："楚国对抗秦国不一定会胜；在朝廷内和群臣策划，他们又不都可信赖。现在您打算使天下统一，保存处于危境中的国家，我愿恭敬地把整个国家托付给您，听从您的安排。"

六国合纵

于是，六国合纵成功。苏秦做了合纵联盟的盟长，并担任了六国的国相。苏秦北上向赵王报告消息，路经洛阳，车辆马匹满载着行李，各诸侯派来送行的使者很多,像帝王一样气派。周显王听到这个消息,赶快找人清除了道路,并派使臣到郊外迎接。苏秦的兄弟、妻子和嫂子都趴伏在地上,斜着眼不敢抬头看他,非常恭敬地服侍他吃饭。苏秦笑着对嫂子说:"以前你对我冷嘲热讽,此刻却为什么对我这么恭敬了呢?"他的嫂子连忙扑趴在地上,弯着身子匍匐到他面前,脸贴着地请罪说:"因为您地位尊贵且多金啊。"苏秦喟然叹息说:"同样是一个人,富贵了以后,亲戚就畏惧我;贫贱时,就轻贱我,何况众人呢!如果当初我在洛阳城郭附近有良田两顷,如今,我又怎么能佩戴得上六个国家的相印呢?"

苏秦回到赵国,赵肃侯封他为武安君。苏秦把合纵盟约送到秦国。从此秦国不敢窥伺函谷关以外的国家达十五年之久。

盟约瓦解

后来,秦国派使臣犀首欺骗齐国和魏国,和他们联合起来攻打赵国,打算破坏合纵联盟。齐、魏攻打赵国,赵王就责备苏秦。苏秦害怕,请求出使燕国,一定要向齐国报复。苏秦离开赵国以后,合纵盟约便瓦解了。

"反间"而车裂死

有诽谤苏秦的人说:"苏秦是个左右摇摆、出卖国家的臣子,他将来肯定会引起乱子。"苏秦生怕获罪,逃到燕国。

燕易王的母亲是燕文侯的夫人,苏秦与她私通。苏秦恐怕被杀,就劝说燕王道:"我留在燕国,不能使燕国更加尊贵,如果我在齐国就一定能提高燕国的地位。"燕王说："一切任凭先生所为。"于是，苏秦假装得罪了燕王而逃到齐国。齐宣王任用他为客卿。

齐宣王去世，齐湣王即位，苏秦就劝说齐湣王厚葬宣王，用来表明自己的孝顺；大修宫室，大辟园林，以表明自己得志。其实，苏秦打算的是使齐国败落，从而有利于燕国。燕易王去世后，齐国大夫中与苏秦争宠的人就派人刺杀他，苏秦幸免一死，带着致命的伤逃走了。齐王派人捉拿凶手却没有抓到。苏秦临死的时候对齐王说："我马上就要死了，请您在人们来往的大街上把我五马分尸示众，就说'苏秦为了燕国在齐国谋乱'，这样，一定可以抓到刺杀我的凶手。"齐王就按他的话做了，那个凶手果然自动出来了，齐王就把他杀了。燕王听到这个消息说："齐国为苏先生报仇的做法真是太好啦！"

苏秦的弟弟苏代、苏厉都承袭哥哥的旧业，游说各国合纵，寿终天年，他们的名声在各诸侯国显扬。

论 赞

太史公说：苏秦三兄弟都是因为游说诸侯而名扬天下，他们的学说长于权谋应变。而苏秦背负着反间的罪名被处死，被天下人嘲笑，他的学说也被人所不耻。然而关于苏秦的事迹在社会上流传的版本很多，也有很多差异，很多不同时期的事情也全附在他的身上。苏秦出身于民间，却能联合六国合纵相亲，这正表明他有过人的才智。所以，我列出他的事迹，按着时间顺序加以称述，不让他承受恶名。

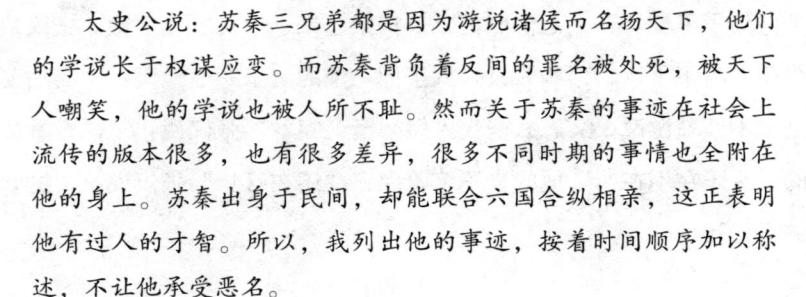

列传 >>>

张仪列传第十

《张仪列传》与《苏秦列传》堪称姊妹篇。苏秦与张仪同时游说六国，一个合纵以赵为主，一个连横以秦为主，文法也一纵一横。他们都以权变之术和雄辩家的姿态辗转于六国，雄心勃勃，表现出了非凡的雄才大略，成为轰动一时的风云人物。

早年张仪

张仪，魏国人，曾与苏秦一起拜师于鬼谷子先生学习游说之术，苏秦自认才学比不上张仪。

张仪完成学业后就去游说诸侯。他曾陪着楚相喝酒，席间，楚相丢了一块玉璧，门客们怀疑张仪，说："张仪贫穷，品行恶劣，一定是他偷了玉璧。"于是他们把张仪拘禁起来，拷打了几百鞭。张仪始终闭着嘴不承认，那些人只好放了他。他的妻子悲愤地说："唉！要是您不读书游说，又怎么能受人侮辱至此呢？"张仪说："你看看我的舌头还在不在？"他的妻子笑着说："还在呀！"张仪说："这就够了。"

得助入秦

此时，苏秦说服了赵王而得以去各国缔结合纵相亲的联盟，可是他怕秦国趁机攻打各诸侯国，破坏盟约的缔结，又考虑着没有合适的人可以派去秦国。他派人劝说张仪到他那里去谋求发展。于是，张仪前往赵国，呈上名帖请求会见苏秦。苏秦告诉门人不给他通报，却又让他不能离去。几天后，苏秦才接见了他。苏秦让他坐在堂下，赐给他仆人侍妾吃的饭菜，还屡次羞辱他说："凭着您的才能，却让自己潦倒到这种地步，难道我不能推荐您让您富贵吗？只是您不值得推荐罢了。"说完就把张仪打发走了。张仪自己认为与苏秦是好友，投奔他能够求得好处，却没想到遭到了羞辱，气愤中又想到诸侯中没有谁值得侍奉，只有秦国能侵扰赵国，于是就到秦国去了。

苏秦派人暗中跟随张仪，和他投宿同一客栈，不露声色地接近他，还送给他车马财物等一切他需要的东西，却不说是谁给的。于是张仪才有机会拜见了秦惠王。惠王任用他做客卿，和他策划攻打诸侯的计划。

这时，苏秦的门客要告辞离去，张仪极力挽留。门客说："真正了解您的是苏先生啊。他担心秦国攻打赵国而破坏合纵联盟，也认为只有您才能掌握秦国的大权，所以激怒先生，又派我暗中给您帮助，这都是他的策略啊。"张仪说："哎呀，这些权谋本来都是我研习过的，而我却没有察觉到，我没有苏先生高明啊！"张仪任秦国宰相以后，写信警告楚国宰相说："当初我陪着你喝酒时，我并没偷你的玉璧，你却鞭打我。你要牢牢地守护住你的国家，不然我就要偷你的城池了！"

几年后，惠王任用张仪为国相，把少梁改名叫夏阳。张仪出任国相四年，正式拥戴惠王为王。过了一年，张仪担任秦国的将军，夺取了陕邑，修筑了上郡要塞。

游说楚国

秦国想要攻齐，然而齐、楚两国缔结了合纵相亲的盟约，于是张仪前往楚国出任国相。楚怀王空出上等的客房，亲自到宾馆安排张仪的住宿。张仪游说楚王道："大王如果能听我的意见，就和齐国断绝关系，解除盟约，我请求秦王献出商、於一带六百里的土地，让秦女做大王的侍妾，秦国和楚国之间娶妇嫁女，永远结为兄弟。这样，向北可削弱齐国，而西方的秦国也就能得到好处了。"楚王非常高兴地答应了，就把相印授予了他，还赠送了他大量财物。于是，楚国就和齐国断绝了关系，废除了盟约，派了一位将军跟随张仪到秦国去交接土地。

六百里变六里

张仪回到秦国后，假装没拉住车上的绳索跌下来受了伤，三个月都没上朝。楚王听说后，说："张仪是因为我与齐国断交还不彻底吧？"于是他就派勇士借了宋国的符节，到北方的齐国辱骂齐王。齐王大怒，斩断符节而委屈地和秦国结交。秦、齐建立了邦交后张仪才上朝。他对楚国的使者说："我有秦王赐给的六里封地，愿把它献给楚王。"楚国使者说："我奉楚王的命令，来接收商、於之地六百里，没有听说过六里。"使者回报楚王，楚王怒不可遏，想立即出兵攻打秦国。陈轸劝道："与其攻打秦国，不如割让土地贿赂秦国，再与他合兵攻打齐国，从齐国夺回土地补偿我们的损失，这样，大王的国家还可以存留下去。"楚王听不进劝告，还是出兵并派将军屈匄攻打秦国。秦、齐两国共同攻击楚国，杀死楚军八万官兵，并杀死屈匄，夺取了丹阳、汉中的土地。楚国又派出更多的军队去袭击秦国，在蓝田展开大战，楚军大败，于是又割让两座城池和秦国讲和。

再入楚国

秦国要挟楚国，想得到黔中一带的土地，要用武关以外的土地交换。楚王说："我不愿交换土地，但只要得到张仪，我就愿献出黔中地区。"秦王不忍开口遣送张仪。张仪却主动请求前往。

张仪一到，楚怀王就把他囚禁起来，要杀死他。靳尚让楚王的爱妃郑袖劝说楚王放走张仪。于是郑袖日夜在怀王的耳边讲情说："臣子只是各自为他们的国家效力。现在土地还没有交给秦国，秦王就派张仪来了，这表示对大王尊重到了极点。大王还没有回礼却杀张仪，秦王一定发怒出兵攻打楚国。我请求您让我们母子二人搬到江南去，不要像鱼、肉一样被秦国欺凌。"楚怀王后悔了，就赦免了张仪，像过去一样优待他。

游说各国

张仪从囚禁中被放出来不久，还没离去，就听说苏秦死了，于是游说楚怀王说："秦国的土地占了天下的一半，军队的实力可以抵挡四方的国家，四境险要。而且，那些合纵的国家要与秦国相较量，无异于驱赶着羊群进攻凶猛的老虎。如今，大王不亲附老虎而去亲附绵羊，我私下认为大王的打算错了。当今天下强大的国家只有秦国和楚国，不可能两个国家都存在下去。如果大王不去亲附秦国，秦国就会出动军队先占据宜阳，韩国的土地也就被切断不通，韩国必然要到秦国称臣，魏国就会闻风而动。秦国进攻楚国的西边，韩国、魏国进攻楚国的北边，国家怎么会不危险呢？"楚王最终答应了张仪的建议，和秦国相亲善。

张仪离开楚国，就借此机会前往韩国，游说韩王说："韩国地势险恶，人民生活穷困，土地不足九百里，现有的军队不过二十万罢了。而秦国武装部队就有一百多万，战车千辆，战马万匹，秦兵与山东六国的兵力相比，如同勇猛的大力士孟贲和软弱的胆小鬼。所以我替大王策划，不如帮助秦国削弱楚国。假如大王向西臣事秦国进攻楚国，就会转移了自己的祸患而使秦国高兴，没有比这计策更适宜的了。"韩王听信了张仪的策略。

张仪向东游说齐湣王说："天下强大的国家没有超过齐国的，但秦国与齐国比较，就如同齐国同鲁国比较一样，秦强而齐弱。如今秦、楚两国嫁女娶妇，结成兄弟盟国。韩国献出宜阳，魏国献出河外，赵国在渑池朝拜秦王，割让河间来侍奉秦国。假如大王不臣事秦国，秦国就会驱使韩国、魏国进攻齐国的南方，赵国的军队全部出动，渡过清河，直奔博关，国家一旦被进攻，即使是想要臣事秦国，也不可能了，因此希望大王仔细地考虑它。"齐王就答应了张仪的建议。

张仪离开齐国，向西游说赵王说："大王信赖倡导合纵联盟的原因，是凭靠着苏秦。苏秦迷惑诸侯，把对的说成错的，把错的说成对的，他想要反对齐国，而自己让人家在刑场上五马分尸。天下诸侯不可能统一是很明显的了。如今，楚国和秦国已结成了兄弟盟国，而韩国和魏国已向秦国臣服，成为东方的属国，齐国奉献出盛产鱼盐的地方，这就等于斩断了赵国的右臂。斩断了右臂而和人家争斗，失去他的同伙而孤立无援，想要国家不危险，怎么可能办到呢？"赵王答应了张仪的建议，张仪才离去。

张仪向北到了燕国，游说燕昭王说："大王最亲近的国家，莫过于赵国。赵王凶暴乖张，六亲不认，大王是有明确见识的，那还能认为赵王可以亲近吗？现在的赵国对秦国来说，如同郡和县的关系，不敢胡乱出动军队攻打别的国家。如今，假如大王侍奉秦国，秦王一定高兴，赵国也不敢轻举妄动，这就等于西边有强大秦国的支援，而南边解除了齐国、赵国的忧虑，所以希望大王仔细地考虑它。"燕王听信了张仪的建议。

张仪回报秦王，还没走到咸阳，秦惠王就去世了，武王即位。武王从做太子时就不喜欢张仪，等到继承王位，很多大臣说张仪的坏话："张仪不讲信用，反复无定，出卖国家，以谋图国君的恩宠。秦国一定要再任用他，恐怕会被天下人耻笑。"诸侯们听说张仪和武王感情上有裂痕，都纷纷背叛了连横政策，又恢复了合纵联盟。张仪最后死在了魏国。

论　赞

太史公说：三晋出了很多会权变之术的人，那些主张合纵、连横使秦国强大的多是三晋人。张仪的作为比苏秦有过之而无不及，然而社会上的很多人都厌恶苏秦，这是因为他死后，张仪为了宣扬自己连横的主张，从而四处张扬暴露他合纵的弊端。总之，这两个人都是真正险诈的人。

列传 >>>

白起王翦列传第十三

白起和王翦是为秦灭六国建立过赫赫战功的两位将军。太史公一方面肯定他们的卓越功绩，另一方面也尖锐地指出他们的缺点，即白起"不能救患于应侯"而死于非命，王翦则"不能辅秦建德"乃至殃及后代。由此可见，司马迁赞同秦统一中国的战争，但他反对虐民、暴政。

战功赫赫

白起是郿邑人。他善于用兵，侍奉秦昭王。昭王十三年（前294），白起任左庶长，带兵攻打韩国的新城。第二年，白起又被封为左更，进攻韩、魏两国联军，斩敌二十四万，俘虏了他们的将领公孙喜，攻下五座城池，升为国尉。他率兵渡过黄河，夺取了韩国安邑以东直到乾河的大片土地。第三年，白起再被封为大良造，击败魏国军队，夺取了大小六十一座城池。第四年，白起与客卿错进攻垣城，随即拿了下来。此后的第五年，白起攻打赵国，夺下了光狼城。这以后的第七年，白起攻打楚国，占领了鄢、邓等五座城池。第二年，再次进攻楚国，占领了楚国都城郢，焚烧了楚国先王的墓地，一直向东到达竟陵。楚王逃离郢都，向东奔逃迁都到陈。秦国便把郢地设为南郡。白起被封为武安君，他又攻取楚地,平定了巫、黔中两郡。昭王三十四年(前273),白起进攻魏国,拿下华阳,使芒卯败逃,并且俘获了赵、魏将领,斩敌十三万。当时,白起与赵国将领贾偃交战,把赵国两万士兵全部淹死在黄河里。昭王四十三年(前264),白起攻打韩国的陉城,夺取了五座城池,斩敌五万人。昭王四十四年(前263),白起攻打韩国的南阳太行道,将这条韩国对外联系的通道堵死了。

长平之战

昭王四十七年(前260),秦国派左庶长王龁攻打韩国,夺取了上党。上党的百姓纷纷逃往赵国。赵国在长平屯兵,准备接应上党的百姓。四月,王龁借此进攻赵国。赵国派廉颇统率军队,战事蔓延。秦军进行攻坚,步步逼近。廉颇坚守营垒,采取防御方式与秦军对峙,秦军屡次挑战,赵军坚守不出。秦国丞相应侯派人到赵国用千金施行反间计,大肆宣扬说:"秦国最怕的是马服君的儿子赵括担任将领,廉颇不难对付,他就快投降了。"赵王早已恼怒廉颇军队的大量伤亡,屡次战败,却又坚守营垒不敢出战,再加上听到许多反间谣言,信以为真,于是就派赵括取代廉颇,率兵攻击秦军。秦国得知,就暗地里派武安君白起担任上将军,让王龁担任尉官副将,并下命令:军队中有敢泄露最高指挥官是白起的,格杀勿论。赵括一上任,就发兵攻击秦军。秦军假装战败而逃,同时布置了两支突袭队进逼赵军。赵军乘胜追击,直追到秦军营垒。但是秦军营垒十分坚固,久久不能攻入,而秦军的一支两万五千人的突袭部队已经切断了赵军的后路,另一支由五千骑兵组成的快速部队楔入赵军的营垒之间,断绝了他们的联系,将赵军分割成两个孤立的部分，运粮通道也被堵死。这时，秦军派出轻装精兵攻击赵军，赵军交战失利，就构筑壁垒，顽强防守，等待援军前来救援。

到了九月，赵国士兵已经断绝口粮四十六天了，士兵们暗中互相残杀，以人肉充饥。困顿已极的赵军扑向秦军营垒，发动攻击，打算突围而逃。结果秦军将赵括射死了。赵括的军队大败，四十万士兵向武安君投降。武安君谋划道："先前秦军拿下上党，上党的百姓不甘心做秦国的臣民而归附赵国。赵国士兵变化无常，如果不把他们全部杀掉，恐怕要出乱子。"于是白起用欺骗的手段把赵国降兵全部活埋了，只将年纪尚小的二百四十多名士兵放回赵国。此战前后斩首擒杀赵军四十五万人，赵国上下一片震惊。

胜利在望，被迫收兵

昭王四十八年（前259）十月，秦军再次将上党郡平定。韩、赵两国十分害怕，就派苏代到秦国，献上丰厚的礼物劝说丞相应侯道："如果赵国灭亡，秦王就要君临天下了。武安君为秦国攻占夺取了七十多座城池，南边平定了楚国的鄢、郢及汉中地区，北边俘获了赵括的四十万大军，即使历史上赫赫有名的周公、召公和吕望的功劳也超不过这个了。如果赵国灭亡，秦王君临天下，那么武安君位居三公是毫无疑问的，您能屈居他的下位吗？如果把赵国灭掉，它的北边土地将落入燕国，东边土地将并入齐国，南边土地将归入韩国和魏国，那么您能得到的百姓就没有多少了。所以，不如趁着韩国、赵国惊恐之机让他们割让土地，不要再让武安君建功立业了。"

正月，双方停止交战。武安君得知停战消息，自然有想法，从此与应侯互相没有好感。

不肯受命

这一年九月,秦国再次派出军队,命五大夫王陵攻打赵国邯郸。当时武安君有病,不能出征。王陵进攻邯郸,但战绩寥寥,进展不大,还损失了五个军营。武安君病好了,秦王打算派武安君代替王陵统率军队。武安君说道:"邯郸确实很难攻下,而且诸侯国的救兵天天都有到达的,他们对秦国的怨恨已积存很久了。现在秦国虽然将长平的赵军消灭了,可是阵亡的秦军也超过了一半,国内兵力空虚。远行千里越过山河去攻打别人的都城,赵军在城里应战,诸侯军在城外攻击,里应外合,内外夹击,秦军战败是必定无疑的。这个仗不能打。"秦王亲自下令,武安君不肯赴任;于是就派应侯去请他,但武安君始终推辞不肯受命,从此称病不起。

赐剑自尽

秦王只好改派王龁代替王陵统率部队,于八、九月围攻邯郸,没能攻下来,秦军损失惨重。武安君在背地里说:"秦王不听我的意见,看看现在怎么样了!"秦王听说后,大怒,强令武安君赴任,武安君就称病情严重。应侯又请他,仍是辞不赴任。于是秦王就免去武安君的官爵,将他降为士兵,让他离开咸阳迁到阴密。但因武安君有病,未能成行。过了三个月,诸侯联军攻击秦军更加紧迫,秦军屡次战败,报告战败的使者天天都来。秦王就派人驱逐白起,不让他留在咸阳城里。武安君上路后,走出咸阳西门十里路,到了杜邮。秦昭王与应侯及群臣议论说："白起迁出咸阳,他流露出的样子还不满意,不服气,有怨言。"秦王就派使者赐给他一把剑,让他自杀。武安君拿着剑就要自杀时,叹息道："我对上天有什么罪过,竟落得这个地步?"过了一会儿,他又自言自语地说："我本来就该死。长平之战,赵国投降的几十万士兵,我用欺诈之术把他们全部坑杀了,这足够死罪了。"随即自杀。武安君死而无罪,秦国人都同情他,所以无论城乡都祭祀他。

王翦事始皇

王翦是频阳东乡人。少年时就爱好军事,后来侍奉秦始皇。始皇十一年(前236),王翦带兵攻打赵国的阏与,大胜,还一连拿下九座城邑。始皇十八年(前229),王翦率军攻打赵国,一年多就攻取了赵国,赵王投降,赵国各地全部被平定,设置为郡。第二年,燕国派荆轲到秦国刺杀秦王,秦王派王翦攻打燕国。燕王喜逃往辽东,王翦平定了燕国都城蓟,胜利而归。秦王派王翦的儿子王贲攻打楚国,楚军战败;掉过头来再进攻魏国,魏王投降,于是平定了魏国各地。

谏不用而托病

秦始皇灭掉了韩、赵、魏三国,赶走了燕王喜,屡次将楚军打败。秦国将领李信,年轻气盛,英勇神武,曾带着几千士兵把燕太子丹追击到衍水,最后打败燕军捉到太子丹,秦始皇认为李信贤能勇敢。一天,秦始皇问李信说："我打算攻打楚国,将军估计调用多少士兵才够?"李信回答说:"最多不过二十万人。"秦始皇又问王翦,王翦答道:"非得六十万人不可。"秦始皇说:"王将军老喽,多么胆怯呀!李将军真是果断勇敢,他的话是对的。"于是秦王就派李信及蒙恬带兵二十万向南攻打楚国。王翦的话不被采用,就推托有病回到频阳老家养老。结果楚军大败李信军队,秦军大败而逃。

秦始皇听到这个消息后大为震怒,亲自乘快车奔往频阳,向王翦道歉并请求他出战。王翦说:"如果大王不得已而用我,非六十万人不可。"秦始皇满口答应。于是王翦率领着六十万大军出发了,秦始皇亲自到灞上为他送行。王翦临出发时,请求秦始皇赐予良田、美宅、园林、池苑等。秦始皇说:"将军尽管上路吧,何必担忧家里的日子呢?"王翦说:"替大王带兵,即使有功劳也终究难以封侯赐爵,所以趁着大王特别器重我的时候,得及时请求大王赐予园林、池苑来给子孙后代置份家产。"秦始皇听了哈哈大笑。王翦出发后到了函谷关,又连续五次派使者回朝廷请求赐予良田。有人说:"将军请求赐予家业,也太过分了吧。"王翦说:"秦王性情暴虐且对人多疑。现在大王把全国的武士全部委托给我,我不多多请求赏赐田宅给子孙们置份家产,以此来表示自己出征的坚定意志,却反而让秦王平白无故地怀疑我吗?"

助王平天下

王翦终于代替了李信进攻楚国。王翦抵达战场后,构建坚固的营垒采取守势,不肯出兵交战。他让士兵们天天休息洗浴,供给上等饭食抚慰他们,并亲自与士兵们在一起吃喝。楚军屡次挑战,秦军不肯应战,于是楚军就领兵向东去了。王翦趁机发兵追击他们,派强健善战的士兵实施强击,大败楚军。追到蕲南时,杀了他们的将军项燕,楚军终于败逃。秦军乘胜追击，占领并平定了楚国城邑。与此同时，王翦的儿子王贲与李信攻陷、平定了燕国和齐国各地。

秦始皇二十六年（前221），秦国兼并了所有的诸侯国，统一了天下，王翦的功劳最多，名扬后世。

秦二世的时候，陈胜起义反秦，二世派王翦的孙子王离攻打赵国，把赵歇和张耳围困在巨鹿。不久，项羽救援赵国，俘虏了王离，王离的军队投降了诸侯军。

论 赞

太史公说：俗话说："尺有所短，寸有所长。"白起与敌人交战时随机应变，计谋层出不穷，名震天下，然而却对应侯给他制造的祸患无计可施。王翦作为秦国大将，平定六国，功绩卓著，在当时不愧是元老将军，连秦始皇都尊其为师。可是他不能辅佐秦始皇建立德政，巩固国家根基，却曲意迎合，取悦人主，直至死去。到了他的孙子王离被项羽俘虏，不也是理所当然的吗？他们都有自己的短处啊！

列 传 >>>

孟尝君列传第十五

　　孟尝君田文言谈机警敏锐，承袭了父亲田婴的封爵。他为了出人头地，招揽宾客三千人，甚至包括一些士大夫所不屑的鸡鸣狗盗之徒。危急之中，最终还是这些鸡鸣狗盗之人助他一臂之力，逃出秦国。抓住人物生活中的典型事件来展示人物的性格，是本传在写法上的一个突出特点。

相门之子

　　孟尝君姓田，名文。田文的父亲是靖郭君田婴。当初，田婴有四十多个儿子，他的小妾生了个儿子叫文，田文是五月五日出生的。田婴告诉田文的母亲说："不要养活他。"可是田文的母亲还是偷偷把他养活了。等到他长大后，他的母亲便通过田文的兄弟把田文引见给田婴。田婴见了他后，愤怒地对他母亲说："我让你把这个孩子扔了，你竟敢把他养活了，为什么？"田文的母亲还没来得及回答，田文立即叩头大拜，然后反问田婴道："您不让养活五月生的孩子，这是什么缘故？"田婴回答说："五月出生的孩子，长大了身长会跟门户一样高，是会克父母的。"田文说："人的命运是由上天授予的，还是由门户授予的呢？"田婴无法回答，便沉默不语。田文接着说："如果是由上天授予的，您何必忧虑呢？如果是由门户授予的,那么只要加高门户就可以了,谁还能长到那么高呢!"田婴无言以对,便斥责道:"你不要再说了!"过了一段时间,田文又问他父亲道:"儿子的儿子叫什么?"田婴答道:"叫孙子。"田文又问:"孙子的孙子叫什么?"田婴答道:"叫玄孙。"田文接着问:"玄孙的孙子叫什么?"田婴说:"我不知道。"田文说:"您执掌大权担任齐国宰相,历经三代君王,可是齐国的领土没有增广,您的私家却积累了万金的财富,门下也看不到一位贤士。我听说,将军的门庭必出将军,宰相的门庭必有宰相。现在您的妻妾可以践踏绫罗绸缎,而贤士却穿不上粗布短衣;您的男仆女奴有剩余的饭食肉羹,而贤士却连糠菜也吃不饱。现在您还一个劲儿地加多积贮,想留给那些连名字都叫不上来的人,却忘记了国家在诸侯中一天天失去势力。我私下感到很奇怪。"从此以后,田婴改变了对田文的态度,开始器重他,让他主持家务,接待宾客。宾客来往不断,日益增多,田文的名声随之传播到各诸侯国中。各诸侯国都派人来请求田婴立田文为太子,田婴答应下来。田婴去世后,追谥靖郭君。田文果然在薛邑继承了田婴的爵位,这就是孟尝君。

招揽宾客

孟尝君在薛邑招揽各诸侯国的宾客以及一些犯罪逃亡的人,很多人归附了孟尝君。孟尝君宁肯舍弃家业也要给他们丰厚的待遇,因此,天下的贤士无不倾心向往。他的食客有几千人,不分贵贱一律同等对待。每当孟尝君接待宾客,与宾客坐着谈话时,总是在屏风后安排侍史,让他记录下他与宾客的谈话内容,记载所交谈的宾客亲戚的住处。宾客刚刚离开,孟尝君就已派使者到宾客亲戚家里抚慰问候,献上礼物。有一次，孟尝君招待宾客吃晚饭，有个人遮住了灯光，那个宾客很恼怒，认为饭食肯定是不一样的，放下碗筷就要离去。孟尝君马上站起来，亲自端着自己的饭食与他的相比，那个宾客羞愧得无地自容，就以刎颈自杀表示谢罪。因此贤士们有很多人都情愿归附孟尝君。孟尝君对于来到门下的宾客都热情接纳，不挑拣，没有亲疏之别，一律给予优厚的待遇。所以宾客人人都认为孟尝君与自己很亲近。

鸡鸣狗盗

　　齐湣王二十五年（前299），孟尝君被派到了秦国，秦昭王立即让孟尝君担任秦国宰相。臣子中有人劝说秦王道："孟尝君的确贤能，可他是齐王的同宗，如果他任秦国宰相，谋划事情必定是先替齐国打算，然后才考虑秦国，秦国可要危险了。"于是秦昭王就罢免了孟尝君的宰相职务，并把他囚禁起来，打算杀掉孟尝君。孟尝君知道情况危急，就派人去见昭王的宠妾请求解救。那个宠妾提出条件说："我希望得到孟尝君的白色狐皮裘。"孟尝君来的时候带有一件白色狐皮裘，价值千金，天下无双，到秦国后献给了昭王，再也没有第二件了。孟尝君为这件事发愁，问遍了宾客，谁也想不出办法来。有一位能力差但会披狗皮盗东西的人说："我能拿到那件白色狐皮裘。"于是他当夜假扮成狗，钻入了秦宫中的仓库，取出献给昭王的那件白狐裘，献给了昭王的宠妾。宠妾替孟尝君向昭王说情，昭王便释放了孟尝君。孟尝君获释后，立即乘快车逃离，更换了出境的证件，改了姓名逃出城关。夜半时分到了函谷关。昭王突然后悔放了孟尝君，再寻找他时他已经逃走了，就立即派人驾上快车飞奔而去追捕他。孟尝君一行到了函谷关，按照关法规定：

鸡叫时才能放来往客人出关。孟尝君恐怕追兵赶到，着急万分。宾客中有个能力较差但会学鸡叫的人，他一学鸡叫，附近的鸡便随着一起叫了起来，然后孟尝君便立即出示了证件逃出函谷关。出关后大约一顿饭的工夫，秦国追兵果然到了函谷关，但已没了孟尝君的踪影，就只好回去了。当初，孟尝君把这两个人安排在宾客中的时候，宾客无不感到羞耻，觉得脸上无光，等孟尝君在秦国遭难，终于还是靠着这两个人解救了他。自此以后，宾客们都佩服孟尝君广招宾客不分贵贱的做法。

出任齐相

齐湣王因为派遣孟尝君去秦国而感到内疚。孟尝君回到齐国后，齐湣王就让他做齐国宰相，执掌国政。

孟尝君怨恨秦国，准备以齐国曾帮助韩国、魏国攻打楚国为理由，来联合韩国、魏国攻打秦国，因此向西周借兵器和军粮。苏代替西周对孟尝君说："您用齐国的兵力帮助韩国、魏国攻打楚国达九年之久，取得了宛、叶以北的地方，结果使韩、魏两国强大起来，如今再去攻打秦国就会愈加增强了韩、魏的力量。韩国、魏国南边没有楚国忧虑，北边没有秦国的祸患，那么齐国就危险了。韩、魏两国强盛起来必定轻视齐国而畏惧秦国，我实在替您对这种形势感到不安。您不如让西周与秦国交好，不要进攻秦国，也不要借兵器和粮食。您把军队开近函谷关但不要进攻，让西周把您的心思告诉给秦昭王，说：'薛公一定不会攻破秦国来增强韩、魏两国的势力。他要进攻秦国，不过是想要大王责成楚国把东部领土割给齐国，并请您把楚怀王释放出来以媾和。'您让西周用这种做法给秦国好处，秦国能够不被攻破又用楚国的地盘保全了自己，秦国肯定愿意这么做。楚王能够获释，也一定感激齐国。齐国得到东部领土自然会日益强大，薛邑也就会世世代代没有忧患了。秦国没有受到大的削弱，又处在韩国、魏国的西边，韩、魏两国必定依仗齐国。"孟尝君听了后立即说："好。"于是，让韩、魏两国向秦国祝贺，最终避免了一场兵灾。

孟尝君任齐相时，一次，他的侍从魏子替他去收封邑的租税，来回往返三次，结果一次也没把租税收回来。孟尝君问他是什么原因，魏子回答说："有位贤德的人，我私自以您的名义把租税赠给了他，所以没有收回来。"孟尝君听后很恼怒，一气之下辞退了魏子。几年之后，有人向齐湣王造孟尝君的谣言说："孟尝君将要发动叛乱。"等到田甲劫持了湣王，湣王便怀疑是孟尝君策划的，为避免灾祸孟尝君就逃走了。曾经得到魏子赠粮的那位贤人听说了这件事，就上书给湣王，申明孟尝君不会作乱，并请求以自己的性命作保，于是在宫殿门口刎颈自杀，以此证明孟尝君的清白。湣王大为震惊，便追查实情，孟尝君果然没有谋划叛乱，便召回了孟尝君。孟尝君因此推托有病，要求辞官回薛邑养老。湣王答应了他。

论　赞

太史公说：我曾经经过薛地，那里的民风多有凶暴的子弟，与邹地、鲁地迥异。我向当地人探究原因，人们说："孟尝君曾经招来天下许多负气仗义的人，来到此地的仅违法乱纪的人大概就有六万多家。"世间都说孟尝君以乐于养客而沾沾自喜，的确名不虚传啊！

列 传 >>>

平原君虞卿列传第十六

本篇是"战国四公子"之一的赵国平原君和上卿虞卿的合传。太史公用不同的写法记述了他们的平生事迹。这篇传记之所以脍炙人口,就是因为两位爱国志士:毛遂与李同。毛遂在赵国危难之时挺身而出,自荐出使楚国,表现出了超凡的才气和勇气;李同在赵国危在旦夕之时,亲身冒死赴敌,最后壮烈牺牲,爱国精神可歌可泣。

杀妾留士

平原君赵胜是赵国的一位公子。在诸多公子中,赵胜最为贤德有才,好客养士,投奔到他门下的宾客大约有几千人。平原君担任过赵惠文王和孝成王的宰相,曾三次离开宰相职位,又三次官复原职,封地在东武城。

平原君家有座高楼正对着下边的民宅。民宅中有个跛子,总是一瘸一拐地外出打水。平原君有一位美妾住在楼上,有一天她往下看到跛子打水的样子,就哈哈大笑起来。第二天,这位跛子到平原君的家里来说:"我听说您喜爱士人,士人之所以不怕路途遥远,千里迢迢归附到您的门下,就是因为您看重士人而鄙视姬妾啊。我遭到不幸得病致残,可是您的姬妾却在高楼上耻笑我,我希望能得到耻笑我的那个人的头。"平原君笑着回答说:"好吧。"等那个跛子走后,平原君又笑着说:"这小子竟因一笑就要我杀我的爱妾,不也太过分了吗?"终归没杀那个妾。过了一年多,许多宾客以及有差使的食客陆陆续续地离开了一大半。平原君对这种情况感到很奇怪,说:"我赵胜对待各位先生的方方面面不曾敢有失礼的地方,可是离开我的人为什么这么多呢?"一个门客走上前去回答说:"因为您不杀耻笑跛子的那个妾,大家认为您喜好美色而轻视士人,所以士人就纷纷离开了。"于是平原君就割下了耻笑跛子的那个妾的头,亲自登门献给跛子,并向他道歉。从此以后,原来门下的宾客就又都陆陆续续地回来了。

毛遂自荐

秦国围攻邯郸时,赵王曾派平原君去求援,当时想推崇楚国为盟主,订立合纵盟约,联兵抗秦。平原君说:"同去的文武之士不必到外面去寻找,从我门下的食客中挑选就可以了。"结果选了十九个人后,剩下的人没有再能挑选的了。这时,门下食客中有个叫毛遂的人径自走到前面来,向平原君自我推荐说:"我听说您要到楚国去,让楚国做盟主订立合纵盟约,并且约定与门下二十食客一同去,人员不到外面寻找。现在还少一个人,希望您就拿我充个数一起去吧。"平原君问道:"先生寄附在我的门下到现在几年了?"毛遂答道:"到现在整整三年了。"平原君说:"有才能的贤士活在世上,就如同锥子放在口袋里,它的锋尖立即就会显露出来。如今先生寄附在我的门下已三年了,我的左右近臣们没有一个人称赞推荐过你,我也从来没听说过你,这是先生没有专长啊。先生不能去,还是留下来吧。"毛遂说:"我就算是今天请求放在口袋里吧。假使我早就被放在口袋里,是会整个锥锋都露出来的,不只是露出一点锋尖就罢了的。"平原君终于同意让毛遂一同去。那十九个人互相使眼色,暗暗嘲笑毛遂,只是没有说出来。

等到毛遂也去了楚国,跟那十九个人讨论时局,十九个人都很佩服他。平原君与楚王谈判订立合纵盟约的事,从早晨就开始谈判,直到中午也没定下来。于是毛遂紧握剑柄,一路小跑地到了殿堂上,便对平原君说:"合纵的利弊,两句话就可以解决了。现在从早晨就谈合纵,到了中午还决定不下来,是什么缘故?"楚王见毛遂登上堂来,就对平原君说:"这个人是干什么的?"平原君说:"这是我的随从家臣。"楚王厉声呵斥道:"怎么还不给我下去!我在跟你的主人谈判,你来干什么!"毛遂紧握剑柄走向前去说:"大王敢斥责我,不过是倚仗楚国人多势众。现在我与你只有十步远,十步之内大王是倚仗不了楚国的人多势众的,大王的性命就控制在我手中。你为什么当着我主人的面就这样呵斥我?况且,我听说商汤曾凭着方圆七十里的地方统治了天下,周文王凭着百里大小的地方使天下诸侯臣服,难道是因为他们的士兵多吗?实际上是由于他们善于掌握形势而发挥自己的威力。如今楚国领土纵横五千里,士兵百万,这是可以凭借争王称霸的资本。凭着楚国的强大,天下谁也不能阻挡它的威势。秦国的白起,不过是个小毛孩子罢了,他带着几万人的部队发兵与楚国交战,第一战就攻克了鄢城、郢都,第二战烧毁了夷陵,第三战便使大王的先祖受到莫大羞辱。这是楚国百世不解的仇恨,连赵王都感到羞耻,可是大王却不觉得。合纵盟约是为了楚国,不是为了赵国。"听了毛遂这番话,楚王立即变了态度说:"是,是,的确像先生所说的那样,我一定以全国的力量履行合纵盟约。"于是毛遂用带着命令式的口吻对楚王的左右近臣说:"取来鸡、狗、马的血。"毛遂双手捧着铜盘跪下,把它进献到楚王面前说:"大王应先吮血,表示确定合纵盟约的诚意,下一个是我的主人,再下一个是我。"就这样,在楚国的殿堂上确定了合纵盟约。

回到赵国后,平原君把毛遂尊为上等宾客。

李同赴难

平原君回到赵国后,楚国派春申君带兵前去救援赵国,魏国的信陵君也假托君命夺了晋鄙军权带兵前去救赵,可是都还没有赶到。这时秦国迅速地围攻邯郸,邯郸陷入困境,将要投降,平原君非常着急。邯郸有一个官员的儿子李同问平原君道:"您不担心赵国灭亡吗?"平原君说:"若赵国灭亡,那我就要做俘虏,怎能不担忧呢?"李同说:"邯郸的百姓,拿人骨当柴烧,彼此交换孩子当饭吃,可以说危急到极点了,可是您的后宫姬妾侍女数以百计,侍女穿着丝绸绣衣,精美饭菜吃不了,而百姓却粗布短衣难以遮体,酒渣谷皮吃不饱。百姓困苦,兵器用尽,有的人削尖木头当长矛箭矢,而您的珍宝器玩、铜钟玉磬照旧无损。一旦秦军攻破赵国,您怎么能拥有这些东西?假若赵国得以保全,您又何愁没有这些东西?现在您如果能命令夫人以下的所有人编到士兵队伍中,承担守城劳役,把家里所有的东西都分发下去,供士兵享用,正当危急困苦的时候,士兵是很容易感恩戴德的。"于是平原君采纳了李同的意见,得到敢死的士兵三千人。李同就加入到了三千人的队伍中准备与秦军决一死战,秦军因此被击退了三十里。这时,楚、魏两国的救兵刚好到达,秦军便撤走了,邯郸得以保全。李同在同秦军作战时阵亡，他的父亲被赐封为李侯。

辩士虞卿

虞卿是个善于游说的有才之士，他脚穿草鞋，远道而来游说赵孝成王。第一次拜见赵王，赵王便赐给他黄金百镒，白璧一对；第二次拜见赵王，就当上了赵国的上卿，所以人们称他为虞卿。

秦、赵两国在长平交战，赵国初战不利。赵王招来楼昌和虞卿谋划，准备要卷甲赴敌与秦军决一死战。楼昌说："不可，不如派重臣去求和。"虞卿说："楼昌主张求和的原因是认为不求和我军必败。可是控制和谈的主动权在于秦国。而且大王您估计一下秦国的作战意图，是不是一定要击败赵军？"赵王说："秦国已经竭尽全力了，必定要击败赵军。"虞卿又说："大王听从我的话，派出使臣用贵重的珍宝去联合楚、魏两国，他们想得到大王的贵重珍宝，一定会接纳我们的使臣。一旦赵国使臣进入楚、魏两国，秦国必定怀疑天下诸侯联合抗秦，而且必定恐慌无疑。这样，和谈才能进行。"赵王没有听从虞卿的意见，与平阳君赵豹议妥求和，就派出郑朱先到秦国联系。赵王又召见虞卿说："我派平阳君到秦国求和，秦国已经接纳郑朱了，您看如何？"虞卿回答说："大王的和谈不能成功，赵军必败。天下诸侯祝贺秦国获胜的使臣都在秦国了。郑朱是个显贵之人，一旦他进入秦国，秦王和应侯一定会把他来到秦国这件事大加宣扬给天下诸侯看。楚、魏两国因为赵国到秦国求和，必定不会救援大王。那么，和谈是不可能成功的。"应侯果然把郑朱来到秦国这件事大肆宣扬给祝贺秦国获胜的天下的诸侯的使臣们，始终不肯和谈。赵军在长平之战中大败，于是邯郸被围困，被天下人耻笑。

过了不久，魏国请求与赵国合纵盟约。赵孝成王就召虞卿来商议这件事。赵王说："魏国请求合纵盟约。"虞卿说："魏国错了。"赵王说："我本来也没答应。"虞卿说："大王错了。"赵王说："魏国请求合纵，您说魏国错了；我没有答应它，您又说我错了。既然如此，那么终究是不能订立合纵盟约了吗？"虞卿说："我听说小国跟大国做交易，有好处就由大国享用成果，有坏处就由小国承担灾祸。现在的情况是魏国以小国的地位情愿担当灾祸，而您是以大国的地位拒绝享用成果。所以我说大王错了，魏国也错了。我私下认为合纵盟约有利。"于是赵王就同魏国订立合纵盟约。

虞卿因为魏国宰相魏齐的缘故，宁愿抛弃万户侯的爵位和卿相大印，与魏齐一起从小路逃走，最后离开赵国，在魏国大梁处境艰难。魏齐死后，虞卿愈加不得意，就著书立说，采集《春秋》的史实，观察近代的世情，写了《节义》《称号》《揣摩》《政谋》等共八篇，用来批评国家政治的成败，世代流传，称为《虞氏春秋》。

论　赞

太史公说：平原君是个乱世之中才气翩翩的公子，但是他不识大局。俗话说：贪图私利会使人丧失理智。平原君相信冯亭的邪说，致使赵国兵败长平，四十多万赵兵被坑杀，使得邯郸几乎灭亡。虞卿分析事理揣测情势，为赵国出谋划策，是多么周密啊！到后来不忍心看着魏齐被人追杀，最后在大梁遭到困厄。平常人都知道不能这样做，何况贤能的人呢？但是要不是虞卿穷困忧愁，也就不能著书立说而使自己的名声流传于后世了。

列传 >>>

魏公子列传第十七

魏公子即信陵君,他名冠诸侯,声震天下,其才德冠于"战国四公子"。在本传中,太史公倾注了高度的热情,充盈着他对信陵君的仰慕、赞叹和惋惜之情。传记中,通过对信陵君的一些生平记述,歌颂了他心系魏国,礼贤下士,不顾个人安危,不谋一己之利,救人于危难之中的高贵品质。

礼贤下士

魏公子叫无忌,是魏昭王的小儿子、魏安釐王的异母弟弟。昭王去世后,安釐王即位,封公子为信陵君。

公子为人仁爱宽厚,礼贤下士,士人无论有无才能或才能大小,他都谦恭有礼地同他们交往,从来不敢因为自己富贵而轻慢士人。因此方圆几千里的士人都争相归附于他,招徕食客三千人。当时,诸侯各国因公子贤德,宾客众多,连续十几年不敢动兵谋犯魏国。

魏国有个隐士叫侯嬴,已经七十岁了,家境贫寒,是大梁城东门的看门人。公子听说了这个人,就派人去拜见,并想送给他一份厚礼。但是侯嬴不肯接受,说:"我几十年来修养品德,坚持操守,终究不能因我看门贫困的缘故而接受公子的财礼。"公子于是就大摆酒席,宴饮宾客。大家来齐坐定之后，公子就带着车马以及随从人员，空出车子上的左位，亲自到东城门去迎接侯先生。侯先生整理了一下破旧的衣帽，就径直上了车子，坐在公子空出的尊贵座位上，丝毫没有谦让的意思，想借此观察一下公子的态度。可是公子手握马缰绳更加恭敬。侯先生又对公子说："我有个朋友在街市的屠宰场，希望委屈一下车马载我去拜访他。"公子立即驾车前往。进入街市，侯先生下车去会见他的朋友朱亥，他斜眯缝着眼看公子，故意久久地站在那里，同他的朋友聊天，同时暗暗地观察公子。公子的面色更加和悦。街市上的人都看到公子手握缰绳替侯先生驾车。公子的随从人员都暗自责骂侯先生。侯先生看到公子面色始终不变，才告别了朋友上了车。到家后，公子领着侯先生坐到上位上，并向全体宾客隆重地介绍了侯先生，满堂宾客无不惊异。大家酒兴正浓时，公子站起来，走到侯先生面前举杯为他祝寿。侯先生趁机对公子说："今天我侯嬴为难公子也够劲了。我只是个城东门的守门人，可是公子委屈车马，亲自在大庭广众下迎接我，我本不该再去拜访朋友，今天公子竟屈尊陪我拜访他。可我也想成就公子的名声，故意让公子车马久久地停在街市中，借拜访朋友来观察公子，结果公子更加谦恭。街市上的人都以为我是小人，而认为公子是个高尚的人能礼贤下士啊。"在这次宴会散了后，侯先生便成了公子的贵客。

窃符救赵

魏安釐王二十年（前257），秦昭王已经在长平大败赵国军队，接着进兵围攻邯郸。公子的姐姐是赵惠文王弟弟平原君的夫人，多次给魏王和公子送信来，向魏国请求救兵。魏王派将军晋鄙带领十万之众的部队去救赵国。秦昭王得知这个消息后就派使臣告诫魏王说:"我就要攻下赵国了,这只是早晚的事,诸侯中有谁敢救赵国的,拿下赵国后,一定调兵先攻打它。"魏王很害怕,就派人阻止晋鄙不要再进军了,把军队留在邺城扎营驻守,名义上是救赵国,实际上是采取两面倒的策略来观望形势的发展。平原君使臣的车子连续不断地到魏国来,频频告急。公子为这件事忧虑万分,屡次请求魏王赶快出兵,又让宾客辩士们千方百计地劝说魏王。魏王由于害怕秦国,始终不肯听从公子的意见。公子估计终究不能征得魏王同意出兵了,就决计不能自己活着而让赵国灭亡,于是请来宾客,凑集了一百多辆战车,打算带着宾客赶到战场上去同秦军拼死作战,与赵国人一起殉难。

公子带着车队走过东门时,把打算同秦军拼死决战的想法全都告诉了侯先生。行前侯先生说:"公子努力干吧,老臣我不能随行。"公子走了几里路,心里不痛快,自语道:"我对待侯先生算是够周到的了,天下无人不晓,如今我将要赴死,可是侯先生竟没有一言半语来送我,我难道对待他有不周之处吗?"于是又赶着车子返回来,想问问侯先生。侯先生一见公子便笑着说:"我就知道公子会回来的。"又接着说:"公子好客爱士,闻名天下。如今有了危难,想不出别的办法却要赶到战场上同秦军拼命,这就如同把肥肉扔给饥饿的老虎,有什么作用呢?如果这样的话,还用我们这些宾客干什么呢?公子待我情深义重,公子前往可是我不送行,因此知道公子恼恨我会返回来的。"公子连着两次向侯先生拜礼,进而问对策。侯先生同公子秘密交谈,说:"我听说晋鄙的兵符经常放在魏王的卧室内,在妻妾中如姬最受宠爱,她只要尽力是能偷出兵符来的。我还听说如姬的父亲被人杀死,公子派门客斩了那个仇人的头，恭敬地献给如姬。如姬要为公子效命而死，是在所不辞的。如得到虎符而夺了晋鄙的军权，北边可救赵国，西边能抵御秦国，这是春秋五霸的功业啊。"公子听从了侯嬴的计策，请求如姬帮忙。如姬果然盗出晋鄙的兵符交给了公子。

椎杀晋鄙

到了邺城，公子拿出兵符假传魏王命令代替晋鄙担任将领。晋鄙合了兵符，验证无误，但还是怀疑这件事，就举着手盯着公子说："如今我统率着十万之众的大军，驻扎在边境上，这是关系到国家命运的重任，今天你只身一人来代替我，这是怎么回事呢？"正要拒绝接受命令。这时朱亥取出藏在衣袖里的四十斤铁椎，一椎击杀了晋鄙，公子于是统率了晋鄙的军队。然后整顿部队，向军中下令说："父子都在军队里的，父亲回家；兄弟同在军队里的，长兄回家；没有兄弟的独生子，回家去奉养双亲。"经过整顿选拔，得到精兵八万人，开拔前线攻击秦军。秦军解围撤离而去，于是邯郸得救，保住了赵国。赵王和平原君到郊界来迎接公子。公子与侯先生诀别之后，在到达邺城军营的那一天，侯先生面向北刎颈而死。

魏王恼怒公子盗出了他的兵符，假传君令击杀晋鄙，这一点公子也是明知的。所以在打退秦军拯救赵国之后，就让部将带着部队返回魏国，而公子自己和他的门客就留在了赵国。

毛公薛公

公子听说赵国有两个有才有德而没有从政的人，一个是毛公，藏身于赌徒中，一个是薛公，藏身在酒店里。公子很想见见这两个人，可是这两个人躲了起来不肯见公子。公子打听到他们的藏身地址，就悄悄地步行去同这两个人交往，彼此都以相识为乐事，很是高兴。平原君知道了这个情况，就对他的夫人说："当初我听说夫人的弟弟魏公子是个举世无双的大贤人，如今我听说他竟然胡来，跟那伙赌徒、酒店伙计交往，公子只是个无知妄为的人罢了。"公子听说后，就向夫人告辞准备离开这里，说："以前我听说平原君贤德，所以背弃魏王而救赵国，满足了平原君的要求。现在才知道平原君与人交往，只是显示富贵的豪放举动罢了，他不是求取贤士人才啊。平原君这个人不值得结交。"夫人把公子的话全都告诉了平原君，平原君听了自感惭愧，便去向公子脱帽谢罪，坚决地把公子挽留下来。平原君门下的宾客们听到这件事，有一半人离开了平原君归附于公子，天下的士人也都去投靠公子，归附在他的门下。

公子留在赵国十年不回魏国。秦国听说公子留在赵国，就日夜不停地发兵向东进攻魏国。魏王为此事焦虑万分，就派使臣去请公子回国。公子仍担心魏王恼怒自己，就告诫门下宾客说："有敢替魏王使臣通报传达的，处死。"由于宾客们都是背弃魏国来到赵国的，所以没谁敢劝公子回魏国。这时，毛公和薛公两人去见公子说："公子所以在赵国受到尊重，名扬诸侯，只是因为有魏国的存在啊。现在秦国进攻魏国，魏国危急而公子毫不顾念，假使秦国攻破大梁而把您先祖的宗庙夷平，公子还有什么脸面活在世上呢？"话还没说完，公子脸色立即变了，嘱咐车夫赶快套车回去救魏国。

魏王见到公子，两人不禁相对落泪。魏王把上将军大印授给公子，公子便正式担任了上将军这个统率军队的最高职务。

才高遭嫉

魏安釐王三十年（前247），公子派使臣把自己担任上将军职务一事通报给各个诸侯国。诸侯们得知公子担任了上将军，都各自调兵遣将救援魏国。公子率领五个诸侯国的军队在黄河以南地区把秦军打得大败，使秦将蒙骜败逃；进而乘胜追击直到函谷关，把秦军压在函谷关内，使他们不敢再出关。当时，公子的声威震动天下，各诸侯国来的宾客都进献兵法，公子把它们合在一起签上自己的名字，所以世上俗称《魏公子兵法》。

秦王担忧公子将进一步威胁秦国，就使用了万斤黄金到魏行贿，寻找晋鄙原来的那些门客，让他们在魏王面前进谗言说："公子流亡在外十年了，现在担任魏国大将，诸侯国的将领都归他指挥，诸侯们只知道魏国有个魏公子，不知道还有个魏王。公子也要乘这个时机决定称王。诸侯们害怕公子的权势声威，正打算共同出面拥立他为王呢。"秦国又多次实行反间。魏王天天听到这些毁谤公子的话，不能不信以为真，后来果然派人代替公子担任上将军。公子自己明知这是又一次因毁谤而被废黜，于是就推托有病不上朝。四年后，因饮酒无度而患病死亡，这一年，魏安釐王也去世了。

论　赞

太史公说：我经过大梁废墟时，曾寻访那个所谓的夷门。原来夷门就是大梁城的东门。天下的公子中也的确有很多好客喜士的，但只有信陵君能结交那些隐没在社会各个角落的人物，他不以结交下层贱民为耻，是很有道义的。他的名声远远超过诸侯，的确不是虚传。因此，高祖每次经过大梁便命令百姓对他的祭祀不能断绝。

列传 >>>

范雎蔡泽列传第十九

本篇是战国末期秦国两位国相范雎和蔡泽的合传。此二人都为辩士出身,在任秦相之前历经坎坷。这篇传记富有很强的故事性,很多情节波澜起伏,一波三折,而范雎、蔡泽的性格、计谋、心理等就在其中一一展现出来。

厕中遭辱

范雎是魏国人,字叔。他曾周游列国,希图有国君接受自己的主张而有所作为,但没有成功,便回到魏国打算给魏王任职服务,可是家境贫寒又没有办法筹集活动资金,就先在魏国中大夫须贾门下做事。

有一次,须贾为魏昭王出使到齐国办事,范雎也跟着去了。他们在齐国逗留了几个月,也没有什么结果。当时齐襄王得知范雎很有口才,就派专人给范雎送去了十斤黄金以及牛肉美酒之类的礼物,但范雎一再推辞不敢接受。须贾知道了这件事,大为恼火,认为范雎必是把魏国的秘密出卖给齐国了,才得到这种馈赠,于是他让范雎收下牛肉美酒之类的食品,而把黄金送回去。回到魏国后,须贾心里恼怒嫉恨范雎,就把这件事报告给魏国宰相魏齐。魏齐听了后大怒,就命令左右近臣用板子、荆条抽打范雎,打得范雎胁折齿断。当时范雎假装死去,魏齐就派人用席子把他卷了卷，扔在厕所里。又让宴饮的宾客喝醉了，轮番往范雎身上撒尿，故意污辱他借以惩一儆百，让别人不准再乱说。可是卷在席里的范雎还活着，就对看守说："您如果放走我，我日后必定重重地谢您。"看守有意放走范雎，就向魏齐请示把席子里的死人扔掉算了。可巧魏齐喝得酩酊大醉，就顺口答应说："可以吧。"范雎因而得以逃脱。后来魏齐后悔把范雎当死人扔掉，又派人去搜索范雎。魏国人郑安平听说了这件事，就带着范雎一起逃跑了，他们隐藏起来，范雎更改了姓名叫张禄。

弃车避祸

这个时候，秦昭王派出使臣王稽到魏国。郑安平就假装当差役，侍候王稽。王稽问他："魏国可有贤能的人士愿跟我一起到西边去吗？"郑安平回答说："我的乡里有位张禄先生，想求见您，谈谈天下大事。不过，他有仇人，不敢白天出来。"王稽说："夜里你跟他一起来好了。"郑安平就在夜里带着张禄来拜见王稽。两个人的话还没谈完，王稽就发现范雎是个贤才，便对他说："先生请在三亭冈的南边等着我。"范雎与王稽暗中约好见面时间就离去了。

王稽辞别魏国上路后，经过三亭冈南边时，载上范雎便很快进入了秦国国境。车到湖邑时，远远望见有一队车马从西边奔驰而来。范雎便问："那边过来的是谁？"王稽答道："那是秦国国相穰侯去东边巡行视察县邑。"范雎一听是穰侯便说："我听说穰侯独揽秦国大权，他最讨厌收纳各国的说客，这样见面恐怕要侮辱我的，我宁可暂在车里躲藏一下。"不一会儿，穰侯果然来到，向王稽道过问候，便对王稽说："使臣先生该不会带着那般说客一起来吧？这种人一点好处也没有，只会扰乱别人的国家罢了。"王稽赶快回答说:"臣下不敢。"两人随即告别而去。范雎对王稽说:"我听说穰侯是个智谋之士,处理事情多有疑惑,刚才他怀疑车中藏着人,可是忘记搜查了。"于是范雎就跳下车来奔走,说:"这件事穰侯不会甘休,必定后悔没有搜查车子。"大约走了十几里路,穰侯果然派骑兵追回来搜查车子,没发现有人,这才作罢。王稽于是与范雎进了咸阳。

入秦拜王

范雎去离宫拜见秦昭王,到了宫门口,他假装不知道是内宫的通道,就往里走。这时恰巧秦昭王出来,宦官发了怒,驱赶范雎,呵斥道:"大王来了!"范雎故意乱嚷着说:"秦国哪里有王?秦国只有太后和穰侯罢了。"他想用这些话激怒秦昭王。昭王走过来,听到范雎正在与宦官争吵,便上前去迎接范雎,并向他道歉说:"我本该早就向您请教了,正遇到处理义渠事件很紧迫,我早晚都要向太后请示,现在义渠事件已经处理完毕,我才得机会向您请教。我这个人很糊涂、不聪敏,让我向您敬行一礼。"范雎客气地还了礼。这一天凡是看到范雎谒见昭王情况的文武百官,没有一个不肃然起敬的。

范雎一天比一天得到秦昭王信任,转眼间过去了几年。一次范雎在昭王闲暇方便之时进言议事说:"我住在山东时,只听说齐国有田文,从没听说齐国有齐王;只听说秦国有太后、穰侯、华阳君以及高陵君、泾阳君,从没听说秦国有秦王。如今太后独断专行毫无顾忌,穰侯出使国外从不报告,华阳君、泾阳君等处事专断随心所欲,高陵君任免官吏也从不请示。人们处在这四大权贵的统治下,就是我所说的没有秦王啊。如今秦国从小乡官到各个大官吏，再到大王的左右侍从，没有一个不是相国穰侯的亲信。我看到大王在朝廷孤单一人，暗自替您害怕，在您之后，拥有秦国的恐怕就不是您的子孙了。"昭王听了这番话如梦初醒、大感惊惧。于是废弃了太后，把穰侯、高陵君以及华阳君、泾阳君驱逐出国都。秦昭王就任命范雎为相国。收回了穰侯的相印，让他回到封地陶邑去，由朝廷派给车子和牛帮他拉东西迁出国都，装载东西的车子有一千多辆。到了国都关卡，守关官吏检查穰侯的珍宝器物，发现珍贵奇异的宝物比国君之家还要多。

秦昭王把应城封给范雎，封号称应侯。

须贾赠袍

范雎做了秦国相国之后，秦国人仍称他为张禄，而魏国人则认为范雎早已死了。魏王听到秦国即将向东攻打韩、魏两国的消息，便派须贾出使秦国。范雎得知须贾到了秦国，便隐蔽了相国的身份改装出行，他穿着破旧的衣服偷空步行到客馆，见到了须贾。须贾一见范雎不禁惊愕道："范叔原来没有灾祸啊！"范雎说："是啊。"须贾笑着说："范叔是来秦国游说的吧？"范雎答道："不是的。我前时得罪了魏国宰相，所以流落逃跑到这里，怎么还敢游说呢！"须贾问道："如今你干些什么事？"范雎答道："我给人家当差役。"须贾听了有些怜悯他，便留下范雎一起坐下吃饭，又不无同情地说："范叔怎么竟贫寒到这个样子！"于是就取出了自己的一件粗丝袍送给了他。须贾趁便问道："秦国的相国张君，你知道他吧。我听说他在秦王那里很得宠，有关天下的大事都由相国张君决定。这次我办的事情成败也都取决于张君。你这个年轻人有没有跟相国张君熟悉的朋友啊?"范雎说:"我的主人很熟悉他。就是我也能求见的,请让我把您引见给张君。"须贾很不以为然地说:"我的马病了,车轴也断了,不是四匹马拉的大车,我是决不出门的。"范雎说:"我愿意替您向我的主人借来四匹马拉的大车。"

范雎回去弄来四匹马拉的大车,并亲自给须贾驾车,直进了秦国相府。相府里的人看到范雎驾着车子来了,有些认识他的人都回避离开了。须贾见到这般情景感到很奇怪。到了相国办公地方的门口,范雎对须贾说:"等等我,我替您先进去向相国张君通报一声。"须贾就在门口等着,拽着马缰绳等了很长时间不见人来,便问门卒说:"范叔进去很长时间了不出来,是怎么回事?"门卒说:"这里没有范叔。"须贾说:"就是刚才跟我一起乘车进去的那个人。"门卒说:"他就是我们相国张君啊。"须贾一听大惊失色,自知被诓骗进来,就赶紧脱掉上衣光着膀子双膝跪地而行,托门卒向范雎认罪。于是范雎派人挂上盛大的帐幕,招来许多侍从,才让须贾上堂来见。须贾见到范雎连叩响头口称死罪,说:"我没想到您靠自己的能力达到这么高的尊位,我不敢再读天下的书,也不敢再参与天下的事了。我犯下了应该汤镬的大罪,把我抛到荒凉野蛮的胡貉地区我也心甘情愿,让我活让我死只听凭您的决定了!"范雎说:"你的罪状有三条。你前时认为我对魏国有外心暗通齐国而在魏齐面前说我的坏话,这是你的第一条罪状。当魏齐把我扔到厕所里肆意侮辱我时,你不加制止,这是第二条罪状。更有甚者,你喝醉之后往我身上撒尿,你何等忍心啊?这是第三条罪状。但是你之所以能不被处死,是因为从今天你赠我一件粗丝袍看，还有点老朋友的依恋之情，所以给你一条生路，放了你。"于是辞别须贾，结束了会见。随即范雎进宫把事情的原委报告了昭王，决定不接受魏国来使，责令须贾回国。

须贾去向范雎辞行，范雎便大摆宴席，请来所有诸侯国的使臣，与他同坐堂上，酒菜饭食摆设得很丰盛。而让须贾坐在堂下，在他面前放了一槽草豆掺拌的饲料，又命令两个受过墨刑的犯人在两旁夹着，像马一样喂他吃饲料。范雎责令他道："给我告诉魏王，赶快把魏齐的脑袋拿来！不然的话，我就要屠平大梁。"须贾回到魏国，把情况告诉了魏齐，魏齐大为惊恐，便逃到了赵国，躲藏在平原君的家里。

范雎担任了秦相之后，又向秦昭王举荐曾保护过他的郑安平，昭王便任命郑安平为将军。范雎于是散发家里的财物，用来报答所有那些曾经帮助过他而处境困苦的人。凡是给过他一顿饭吃的小恩小惠他是必定报答的，而瞪过他一眼的小怨小仇他也是必定报复的。

蔡泽说范雎

蔡泽是燕国人，曾周游列国从师学习，并向许多大小诸侯谋求官职，但都没有得到任用，便离开燕国到了赵国，却被赵国赶了出来。随即他前去韩国、魏国，路上遇着强盗抢走了他的锅鼎之类的炊具。他听说应侯举荐的郑安平和王稽都在秦国犯下大罪，应侯内心惭愧抬不起头来，便向西来到秦国。

他准备去拜见秦昭王，先派人在应侯面前扬言一番来激怒应侯说："燕国来的宾客蔡泽，那是个天下见识超群，极富辩才的智谋之士。他只要一见秦王，秦王必定使您处于困境而剥夺您的权位。"应侯听到这些话，就派人去召蔡泽来。蔡泽进来了，只向应侯作了个揖。应侯本来就不痛快，等见了蔡泽，看他又如此傲慢，就斥责他说："你曾扬言要取代我做秦相，可曾有这种事吗？"蔡泽回答说："有的。"应侯说："让我听听你的说法。"蔡泽说："君主圣明，臣子贤能，这是天下的大福；国君明智，臣子正直，这是一国的福气；父亲慈爱，儿子孝顺，丈夫诚实，妻子忠贞，这是一家的福分。所以比干忠诚却不能保住殷朝，子胥多谋却不能保全吴国，申生孝顺可是晋国大乱。这些都是忠诚的臣子、孝顺的儿子，反而国家灭亡、大乱的事例，这是为什么呢？是因为没有明智的国君、贤能的父亲听取他们的声音，因此天下人都认为这样的国君和父亲是可耻的，而怜惜同情他们的臣子和儿子。现在看来，商鞅、吴起、大夫文种作为臣子，他们是正确的，而他们的国君，却是错误的。所以世人说这三位先生建立了功绩却不得好报，难道是羡慕他们不被国君体察而无辜死去吗？如果只有用死才可以树立忠诚的美名，那么微子就不能称为仁人，孔子不能称为圣人，管仲也不能称为伟大人物了。人们要建功立业，难道不期望功成人在吗？自身性命与功业名声都能保全的，这是上等。功名可让后世效法而自身性命不能保全的，这是次等。名声被人诟辱而自身性命得以保全的，这是下等。"说到这里，应侯称赞他讲得好。

蔡泽趁势说："商鞅、吴起、大夫文种，他们作为臣子竭尽忠诚建立功绩那是令人仰慕的，闳夭侍奉周文王，周公辅佐周成王，难道不也是竭尽忠诚极富智慧吗？按君臣的关系而论，商鞅、吴起、大夫文种他们比起闳夭、周公来怎么样呢？"应侯说："商君、吴起、大夫文种比不上闳夭、周公。"蔡泽说："既然这样，那么您的人主慈爱仁义信用忠臣，情义深厚不背弃功臣,在这些方面比起秦孝公、楚悼王、越王来怎么样呢?"应侯不便回答,就说:"不知道怎么样。"蔡泽说:"如今您的人主亲近忠臣,是超不过秦孝公、楚悼王、越王的。可是您的官职爵位显贵至大,自家的富有超过了他们三位,而自己不知引退,恐怕您遭到的祸患要比他们三位更惨重,我私下替您感到危险。现在您的怨仇已经报复,恩德已经报答,您的功业也到了顶点了,您为什么不在这个时候送回相印,把它让给贤能的人,自己引退而隐居山林观览流水,一定有伯夷正直廉洁的美名,长享应侯爵位,世世代代称侯,这么做比起终遭灾祸来,哪种情况好呢?"应侯说:"好的。我听说'有欲望而不知道满足,就会失去欲望;要占有而不知节制,就会丧失占有'。承蒙先生教导,我恭听从命。"于是便请蔡泽入座,待为上客。

论 赞

太史公说: 韩非子说:"袖子长的人善于跳舞,钱多的人善于做生意。"这话说得多实在啊!范雎、蔡泽是人们所称说的一代辩士,然而那些游说诸侯直到满头白发也没遇到知音的,并不是计策谋略拙劣,而是能让他的游说产生功效的条件不够啊。到了他们二人寄居秦国,且相继取得卿相地位,名垂天下,其原因本是国家强弱的形势不同啊。但是辩士也有偶然的机遇,许多如范雎、蔡泽一样贤能的人,由于没有机遇而不能施展才能,这些人哪能说得尽呢!但是,如果他们二人不遭到灾难困境,又怎能奋发有为呢?

列传 >>>

廉颇蔺相如列传第二十一

本篇为廉颇、蔺相如合传。蔺相如是太史公所景仰的历史人物之一,在传记中太史公歌颂了他的智勇双全和"先国家之急而后私仇"的高尚品格。廉颇作为战国后期的名将,太史公对他的战功着墨不多,而对他知错能改、负荆请罪的难能可贵的美德进行了大力渲染。廉颇与蔺相如的故事在今天已是家喻户晓。

完璧归赵

廉颇是赵国优秀的将领。赵惠文王十六年(前283),廉颇率领赵军征讨齐国,大败齐军,夺取了阳晋,被封为上卿,他以勇气闻名于诸侯各国。蔺相如是赵国人,是赵国宦者令缪贤家的门客。

赵惠文王的时候,得到了楚国的和氏璧。秦昭王听说了这件事,就派人给赵王一封书信,表示愿意用十五座城交换这块宝玉。赵王同大将军廉颇及大臣们商量:要是把宝玉给了秦国,秦国的城邑恐怕不可能得到,白白地受骗;要是不给呢,就怕秦军马上来攻打。怎么解决没有确定,想找一个能派到秦国去回复的使者,没能找到。宦者令缪贤说:"我的门客蔺相如可以派去。"于是赵王立即召见,问蔺相如说:

"秦王用十五座城请求交换我的和氏璧，能不能给他？"相如说："秦国强，赵国弱，不能不答应它。"赵王说："得了我的宝璧，不给我城邑，怎么办？"相如说："秦国请求用城换璧，赵国如不答应，赵国理亏；赵国给了璧而秦国不给赵国城邑，秦国理亏。两种对策衡量一下，宁可答应它，让秦国来承担理亏的责任。"赵王说："谁可以派为使臣？"相如说："大王如果确实无人可派，臣愿捧护宝璧前往出使。城邑归属赵国了，就把宝璧留给秦国；城邑不能归赵国，我一定把和氏璧完好地带回赵国。"赵王于是就派遣蔺相如带好和氏璧，西行入秦。

秦王在章台接见蔺相如，相如捧璧献给秦王。秦王大喜，把宝璧给妻妾和左右侍从传看，左右都高呼万岁。相如看出秦王没有用城邑给赵国抵偿的意思，便走上前去说："璧上小有瑕疵，让我指给大王看。"秦王把璧交给他，相如于是手持璧玉退后几步站定，身体靠在柱子上，怒发冲冠，对秦王说："大王想得到宝璧，派人送信给赵王，赵王召集全体大臣商议，大家都说：'秦国贪得无厌，倚仗它的强大，想用空话得到宝璧，给我们的城邑恐怕是不能得到的。'商议的结果是不想把宝璧给秦国。我认为平民百姓的交往尚且不互相欺骗，何况是大国呢！况且为了一块玉璧的缘故就使强大的秦国不高兴，也是不应该的。于是赵王斋戒了五天，派我捧着宝璧，在殿堂上恭敬地拜送国书。为什么要这样呢？是尊重大国的威望以表示敬意呀。如今我来到贵国，大王却在一般的台观接见我，礼节非常傲慢；得到宝璧后，传给姬妾们观看，这样来戏弄我。我观察大王没有给赵王十五城的诚意，所以我又收回宝璧。大王如果一定要逼我，我的头今天就同宝璧一起在柱子上撞碎！"相如手持宝璧，斜视庭柱，就要向庭柱上撞去。秦王怕他真把宝璧撞碎，便向他道歉,坚决请求他不要如此,并招来主管的官员查看地图,指明从某地到某地的十五座城邑交割给赵国。相如估计秦王不过用欺诈手段假装给赵国城邑,实际上赵国是不可能得到的,于是就对秦王说:"和氏璧是天下公认的宝物,赵王惧怕贵国,不敢不奉献出来。赵王送璧之前,斋戒了五天,如今大王也应斋戒五天,在殿堂上安排九宾大典,我才敢献上宝璧。"秦王估量此事,毕竟不可强力夺取,于是就答应斋戒五天,请相如住在广成宾馆。相如估计秦王虽然答应斋戒,但必定背约不给城邑,便派他的随从穿上粗麻布衣服,怀中藏好宝璧,从小路逃出,把宝璧送回赵国。

秦王斋戒五天后,就在殿堂上安排了九宾大典,去请赵国使者蔺相如。相如来到后,对秦王说:"秦国从穆公以来的二十几位君主,从没有一个坚守盟约的。我实在是怕被大王欺骗而对不起赵王,所以派人带着宝璧回去,从小路已回到赵国了。况且秦强赵弱,大王派一位使臣到赵国,赵国立即就把宝璧送来。如今凭您秦国的强大,先把十五座城邑割让给赵国,赵国怎么敢留下宝璧而得罪大王呢?我知道欺骗大王之罪应被诛杀,我情愿下油锅被烹,只希望大王和各位大臣仔细考虑此事。"秦王和群臣面面相觑并有惊怪之声。侍从有人要把相如拉下去,秦王趁机说:"如今杀了相如,终归还是得不到宝璧,反而破坏了秦赵两国的交情。不如趁此好好款待他,放他回到赵国,赵王难道会为了一块玉璧的缘故而欺骗秦国吗!"最终还是在殿堂上接见相如,完成了大礼让他回国。

相如回国后,赵王认为他是一位称职的大夫,身为使臣不受诸侯的欺辱,于是封相如为上大夫。秦国没有把城邑给赵国,赵国也始终不给秦国宝璧。

渑池之会

秦王派使者通告赵王,想在西河外的渑池与赵王进行一次友好会见。赵王害怕秦国,想不去。廉颇、蔺相如商议道:"大王如果不去,就显得赵国既软弱又胆小。"赵王于是前往赴会,相如随行。廉颇送到边境,和赵王诀别说:"大王此行,估计路程和会见礼仪结束,再加上返回的时间,不会超过三十天。如果三十天还没回来,就请您允许我们立太子为王,以断绝秦国的妄想。"赵王同意这个意见,便去渑池与秦王会见。秦王饮到酒兴正浓时,说:"寡人私下里听说赵王爱好音乐,请您鼓瑟吧!"赵王就鼓起瑟来。秦国的史官上前来写道:"某年某月某日,秦王与赵王一起饮酒,令赵王鼓瑟。"蔺相如上前说:"赵王私下里听说秦王擅长秦地土乐,请让我给秦王捧上瓦缶,以便互相娱乐。"秦王发怒,不答应。这时相如向前递上瓦缶,并跪下请秦王演奏。秦王不肯击缶,相如说:"在这五步之内,我蔺相如要把脖颈里的血溅在大王身上了!"侍从们想要杀相如,相如圆睁双眼大喝一声,侍从们都吓得倒退。当时秦王不大高兴,也只好敲了一下缶。相如回头招呼赵国史官写道:"某年某月某日,秦王为赵王敲缶奏乐。"秦国的大臣们说:"请你们用赵国的十五座城向秦王献礼。"蔺相如也说:"请你们用秦国的咸阳向赵王献礼。"秦王直到酒宴结束,始终未能压倒赵王。同时赵国已经部署了大批军队来防备秦国,因而秦国也不敢有什么举动。

负荆请罪

渑池会结束以后,由于相如功劳大,被封为上卿,位在廉颇之上。廉颇说:"我是赵国将军,有攻城野战的大功,而蔺相如只不过靠能说会道立了点功，可是他的地位却在我之上，况且相如本来是卑贱之人，我感到羞耻，在他下面我难以忍受。"并且扬言说："我遇见相如，一定要羞辱他。"相如听到后，不肯和他相会。相如每到上朝时，常常推说有病，不愿和廉颇去争位次的先后。没过多久，相如外出，远远看到廉颇，相如就掉转车子回避。于是相如的门客就一起来直言进谏说："我们所以离开亲人来侍奉您，就是仰慕您高尚的节义呀。如今您与廉颇官位相同，廉君口出恶言，而您却害怕躲避他，您怕得也太过分了，平庸的人尚且感到羞耻，何况是身为将相的人呢！我们这些人没出息，请让我们告辞吧！"蔺相如坚决地挽留他们，说："诸位认为廉将军和秦王相比谁厉害？"回答说："廉将军比不了秦王。"相如说："以秦王的威势，而我却敢在朝廷上呵斥他，羞辱他的群臣，我蔺相如虽然无能，难道会怕廉将军吗？但是我想到，强秦所以不敢对赵国用兵，就是因为有我们两人在呀，如今两虎相斗，势必不能共存。我之所以这样忍让，就是为了要把国家的急难摆在前面，而把个人的私怨放在后面。"廉颇听说了这些话，就脱去上衣，露出上身，背着荆条，由宾客带引，来到蔺相如的门前请罪。他说："我是个粗野卑贱的人，想不到先生您是如此宽厚啊！"二人终于和好，成为生死与共的好友。

纸上谈兵

赵惠文王去世，太子孝成王即位。孝成王七年（前259），秦军与赵军在长平对阵，那时赵奢已死，蔺相如也已病危，赵王派廉颇率军攻打秦军，秦军几次打败赵军，赵军坚守营垒不出战。秦军屡次挑战，廉颇置之不理。赵王听信了秦军间谍散布的谣言。秦军间谍说："秦军所畏惧的，就是马服君赵奢的儿子赵括做将军。"赵王因此就以赵括为将军，取代了廉颇。赵括从小就学习兵法，谈论军事，以为天下没人能比得过他。他曾与父亲赵奢谈论用兵之事，赵奢也难不倒他，可是并不说他好。赵括的母亲问赵奢这是什么缘故，赵奢说："用兵打仗是关乎生死的事，然而他却把这事说得那么容易。如果赵国要用赵括为将，你一定要阻止呀。"然而，等到赵括将要起程的时候，他母亲上书劝谏赵王不要用赵括，可赵王却并未答应。

赵括代替廉颇之后，把原有的规章制度全都改变了，把原来的军吏也撤换了。秦将白起听到了这些情况，便调遣奇兵，假装败逃，又去截断赵军运粮的道路，把赵军分割成两半，赵军士卒离心。过了四十多天，赵军饥饿，赵括出动精兵亲自与秦军搏斗，秦军射死赵括。赵括军队战败，几十万大军投降秦军，秦军把他们全部活埋了。赵国前后损失共四十五万人。第二年，秦军就包围了邯郸，有一年多的时间，赵国几乎不能保全，全靠楚国、魏国军队来援救，才得以解除邯郸危机。

论　赞

太史公说：知道将死而不畏惧，必定是有大勇气；死并非难事，而怎样对待死才是难事。当蔺相如手举宝璧斜视庭柱，以及呵斥秦王侍从的时候，当时的形势最多不过是被杀，然而一般士人往往因为胆小怯懦而不敢如此表现。相如一旦将他的勇气振奋起来，其张扬出来的威力就会压倒敌国。后来又对廉颇谦逊退让，他的声誉比泰山还重，他处事时的表现可谓智慧与勇气并存啊！

列传 >>>

屈原贾生列传第二十四

此传是屈原、贾谊两个人的合传。他们虽然生在不同时代,但是遭遇却有许多共同之处。他们才高气盛,清高傲骨,但在政治上却都不得志,且都因忠被贬,却又都在文学上成就卓越。所以,太史公将他们同列于一篇,实际上表达了对他们的经历的愤恨不平与同情,写人亦写己。

才高遭嫉

屈原名平,和楚国王室是同姓一族。他担任楚怀王的左徒,学识渊博,记忆力很强,对国家存亡兴衰的道理非常了解,对外交往来、待人接物的辞令又非常熟悉。因此他入朝就和楚王讨论国家大事,制定政令;对外就接待各国使节,处理对各诸侯国的外交事务。楚怀王对他非常信任。

而上官大夫和屈原职位相同,他为了能得到怀王的宠信,很嫉妒屈原的才能,经常对楚怀王说屈原的坏话。怀王听得多了,便信以为真,就逐渐疏远屈原。

危难重重的故国

屈原被贬退之后,秦国想发兵攻打齐国,可是齐国与楚国有合纵的盟约，秦惠王对此很是担忧，于是就派张仪假装离开秦国，带着丰厚的礼物来到楚国表示臣服，说："秦国非常痛恨齐国，但齐国和楚国有合纵的盟约，若是楚国能和齐国断交，那么秦国愿意献出商、於一带六百里土地。"楚怀王贪图得到土地而相信了张仪，就和齐国断绝了关系，并派使者到秦国接收土地。张仪欺骗了楚国，对使者说："我和楚王约定的是六里，没听说过有什么六百里。"怀王勃然大怒，大规模起兵攻打秦国。魏国得知此事，派兵偷袭楚国，到达邓地。楚兵非常害怕，不得不从秦国撤军回国。而齐国很痛恨怀王背弃盟约，不肯派兵救助楚国，楚国的处境非常艰难。

在此之后，各诸侯国联合攻打楚国，大败楚军。当时秦昭王和楚国结为姻亲，想和楚怀王见见面，楚怀王想要前往，屈原劝谏说："秦国是虎狼一般贪暴的国家，是不能信任的，还是不去为好。"可是怀王的小儿子子兰劝怀王前去，他说："为什么要断绝了秦王的好意呢？"怀王最终还是去了。但他刚一进武关，秦朝的伏兵就截断了他的归路，把怀王扣留，为的是让他答应割让土地。怀王大怒，不肯应允。逃到赵国，但赵国拒绝接纳他。然后他又来到秦国，最终死在秦国，尸体运回楚国安葬。

再次被逐

怀王的大儿子顷襄王即位，任命他的弟弟子兰为令尹。因子兰劝怀王入秦而最终死在秦国，楚国人都把此事归罪于子兰。

屈原对子兰的所作所为也非常痛恨。虽然身遭放逐，却依然眷恋楚国，怀念怀王，时刻惦记着能重返朝廷，总是希望楚王能突然觉悟，不良习俗也为之改变。他总是不忘怀念君王，希望能复兴国家，扭转局势，所以在一篇作品中多次流露此种心情。然而终究无可奈何，所以不可能再返朝廷，由此可见楚王最终也没有醒悟。作为国君，不管他聪明还是愚蠢，有才还是无才，都希望找到忠臣和贤士来辅佐自己治理国家，然而亡国破家之事却不断发生，而圣明之君、太平之国却好多世代都未曾一见，其根本原因就在于其所谓忠臣并不忠，其所谓贤士并不贤。怀王因不知晓忠臣之职分，所以在内被郑袖所迷惑，在外被张仪所欺骗，疏远屈原而信任上官大夫和子兰。结果使军队惨败，国土被侵占，失去了六郡地盘，自己还流落他乡，客死秦国，被天下人所耻笑。这是由于不知人所造成的灾祸。怀王如此不英明，哪里配得到幸福啊！

令尹子兰听到以上情况勃然大怒，最终还是让上官大夫去向顷襄王说屈原的坏话，顷襄王一生气，就把屈原放逐了。

❀ 屈原投江

屈原来到江边，披头散发在荒野草泽上一边走，一边悲愤长吟，脸色憔悴，形体干瘦。一位渔翁看到他，就问道："您不就是三闾大夫吗？为什么到这里来呢？"屈原说："所有的人都污浊而只有我是干净的，大家都昏沉大醉而只有我是清醒的，所以我才被放逐了。"渔翁说："一个道德修养达到最高境界的人，对事物的看法并非一成不变，而是能随着世俗风气而转移。所有的人都污浊，你为什么不在其中随波逐流？大家都昏沉大醉，你为什么不在其中吃点残羹剩酒呢？为什么要保持美玉一般的品德，而使自己讨了个被流放的下场呢？"屈原回答说："我听说过，刚洗过头的人一定要弹去帽子上的灰尘，刚洗过身躯的人一定要把衣服上的尘土抖干净，人们又有谁愿意以清白之身，而受外界污垢的玷染呢？我宁愿跳入江水之内，葬身鱼腹之中，也不让自己的清白品德蒙受世俗的污染！"于是，屈原写下了作品《怀沙》，然后就怀抱石头，投入汨罗江自杀而死。

才华过人

贾生名叫贾谊，是洛阳人。在十八岁时就因诵读诗书会写文章而闻名当地。吴廷尉担任河南郡守时，听说贾谊才学优异，就把他召到衙门任职，并非常器重。汉文帝刚即位时，听说河南郡守吴公政绩卓著，为全国第一，而且和李斯同乡，又曾向李斯学习过，于是就征召他担任廷尉。吴廷尉就推荐贾谊说他年轻有才，精通诸子百家的学问。这样，汉文帝就征召贾谊，让他担任博士之职。

当时贾谊二十有余，在博士中最为年轻。每次文帝下令让博士们讨论一些问题，那些年长的老先生们都无话可说，而贾谊却能一一回答，人人都觉得他说出了自己想说的话。博士们都认为贾生才能杰出，无与伦比。汉文帝也非常喜欢他，对他破格提拔，一年之内就升任太中大夫。

遭贬作赋

贾谊认为从西汉建立到汉文帝时已有二十多年了，天下太平，正是应该改正历法、变易服色、订立制度、决定官名、振兴礼乐的时候，于是他草拟了各种仪法，崇尚黄色，遵用五行之说，创设官名，完全改变了秦朝的旧法。汉文帝刚刚即位，谦虚退让而来不及实行。但此后各项法令的更改，以及诸侯必须到封地去上任等事，这都是贾谊的主张。于是汉文帝就和大臣们商议，想提拔贾谊担任公卿之职。而他也因此受到众多大臣的嫉妒，被诽谤说想独揽大权。汉文帝信以为真，就疏远了贾谊，不再采纳他的意见，并任命他为长沙王太傅。

贾谊向文帝告辞之后，前往长沙赴任，他听说长沙地势低洼，气候潮湿，自认为寿命不会很长，又是因为被贬至此，内心非常不痛快。在渡湘水的时候，写下一篇辞赋来凭吊屈原。赋文这样说：

"我恭奉天子诏命，戴罪来到长沙任职。曾听说过屈原啊，是自沉汨罗江而长逝。今天我来到湘江边上，托江水来敬吊先生的英灵。遭遇纷乱无常的社会，才逼得您自杀失去生命。正赶上那不幸的年代，鸾凤潜伏隐藏，鸱鸮却自在翱翔。不才之人尊贵显赫，阿谀奉承之辈得志猖狂；圣贤都不能顺随行事啊，方正的人反屈居下位。

算了吧！既然国人不了解我，抑郁不快又能和谁诉说？凤凰高飞远离去，本应如此自引退。效法神龙隐渊底，深藏避祸自爱惜。韬光晦迹来隐处，岂能与蚂蚁、水蛭、蚯蚓为邻居？狭小污浊的小水坑，怎能容得下吞舟大鱼？横绝江湖的大鱼，最终还要受制于蝼蚁。"

论 赞

太史公说：我读完《离骚》《天问》《招魂》《哀郢》之后，为屈原的情志感到伤感。我到长沙去，特意去看了屈原沉江自杀的地方，情不自禁地掉下眼泪，由此更可想见他的为人。后来读了贾谊的《吊屈原赋》，又责怪屈原若是以自己超人的才华，游事诸侯的话，哪个国家不能容纳他呢？但他却把自己弄到这种地步。当我读过《鵩鸟赋》之后，把生死同等看待，把官场上的去留升降看得很轻，又不禁怅然若失了。

列传 >>>

吕不韦列传第二十五

这是吕不韦的专传。在此传记中,太史公描写了吕不韦的唯利是图且老谋深算、皇太后的放荡淫乱及秦始皇的凶狠残暴,从而活生生地揭示了宫廷内部政治斗争的残酷与无情、丑陋与腐朽,字里行间充满了轻蔑与憎恶。

奇货可居

吕不韦是阳翟的大商人,他往来各地,以低价买进,高价卖出,所以积累起千金的家产。

秦昭王四十年(前267),太子去世了。到了昭王四十二年,他把第二个儿子安国君立为太子。安国君有个排行居中的儿子名叫子楚,子楚的母亲叫夏姬,不受宠爱。子楚作为秦国的人质被派到赵国。秦国多次攻打赵国,赵国对子楚也不以礼相待。

子楚是秦王庶出的孙子,在赵国当人质,他乘的车马和日常的财用都不富足,生活困窘,很不得意。吕不韦到邯郸去做生意,见到子楚后非常喜欢,说:"子楚就像一件奇货,可以囤积居奇。以待高价售出。"于是他就前去拜访子楚,对他游说道:"我能光大你的门庭。"子楚笑着说:"你姑且先光大自己的门庭,然后再来光大我的门庭吧!"吕不韦说："你不懂啊，我的门庭要等待你的门庭光大了才能光大。"子楚心知吕不韦所言之意，就拉他坐在一起深谈。

吕不韦说："你很贫窘，又客居在此，也拿不出什么来献给亲长，结交宾客。我吕不韦虽然不富有，但愿意拿出千金来为你西去秦国游说，侍奉安国君和华阳夫人，让他们立你为太子。"子楚于是叩头拜谢道："如果实现了您的计划，我愿意分秦国的土地和您共享。"

笼络宠姬

吕不韦于是拿出五百金送给子楚，作为日常生活和交结宾客之用；又拿出五百金买珍奇玩物，自己带着西去秦国游说。他先拜见华阳夫人的姐姐，把带来的东西统统献给华阳夫人。顺便谈及子楚聪明贤能，所结交的诸侯宾客，遍及天下，常常说"我子楚把夫人看成天一般，日夜哭泣思念太子和夫人"。华阳夫人非常高兴。吕不韦乘机又让华阳夫人的姐姐劝说华阳夫人道："我听说用美色来侍奉别人的，一旦色衰，宠爱也就随之减少。现在夫人您侍奉太子，甚被宠爱，却没有儿子，不如趁这时早一点在太子的儿子中结交一个有才能而孝顺的人，立他为继承人。同时又像亲生儿子一样对待他，那么，丈夫在世时受到尊重，丈夫死后，自己立的儿子即位为王，最终也不会失势，这就是人们所说的一句话能得到万世的好处啊。不在容貌美丽之时树立根本，假使等到容貌衰竭，宠爱失去后，即使想和太子说上一句话，还有可能吗？现在子楚贤能，但他自己也知道排行居中，按次序是不能被立为继承人的，而他的生母又不受宠爱，自己就会主动依附于夫人，夫人若真能在此时提拔他为继承人，那么夫人您一生在秦国都会受到尊崇啦。"华阳夫人听了，认为说得很对，就趁太子方便的时候，委婉地谈到在赵国做人质的子楚非常有才能，来往的人都称赞他。接着就哭着说："我有幸能填充后宫，但非常遗憾的是没有儿子，我希望能立子楚为继承人，以便我日后有个依靠。"安国君答应了，就和夫人刻下玉符，决定立子楚为继承人。安国君和华阳夫人都送了好多礼物给子楚，还请吕不韦当他的老师，因此子楚的名声在诸侯中越来越大。

吕不韦选取了一个很有姿色而又善于跳舞的邯郸女子同居，后来她怀了孕。子楚有一次和吕不韦一起饮酒，看到此女后非常喜欢，就请求把此女赐给他。吕不韦很生气，但转念一想，已经为子楚破费了大量家产，为的是借以钓取奇货，于是就献出了这个女子。此女隐瞒了自己怀孕在身，到十二个月之后，生下儿子名政。子楚就立此姬为夫人。

仲父吕不韦

秦王即位一年之后去世，谥号为孝文王。太子子楚即位，他就是庄襄王。庄襄王尊奉养母华阳王后为华阳太后，生母夏姬被尊称为夏太后。庄襄王元年（前249），任命吕不韦为丞相，封为文信侯，以河南洛阳十万户作为他的食邑。

庄襄王即位三年之后死去，太子嬴政继立为王，尊奉吕不韦为相国，称他为"仲父"。秦王年纪还小，太后常常和吕不韦私通。吕不韦家有奴仆万人。

一字千金

在那时，魏国有信陵君，楚国有春申君，赵国有平原君，齐国有孟尝君，他们都礼贤下士，结交宾客，并在这方面要争个高低上下。吕不韦认为秦国如此强大，把不如他们当成一件令人羞愧的事，所以他也招来了文人学士，给他们优厚的待遇，门下食客多达三千人。那时各诸侯国有许多才辩之士，像荀卿那班人，著书立说，流行天下。吕不韦就命他的食客各自将所见所闻记下，综合在一起成为八览、六论、十二纪，共二十多万言。自己认为其中包括了天地万物古往今来的事理，所以号称《吕氏春秋》。并将之刊布在咸阳的城门，上面悬挂着一千金的赏金，遍请诸侯各国的游士宾客，若有人能增删一字，就给予一千金的奖励。

嫁祸于人

秦始皇越来越大了，但太后一直淫乱不止。吕不韦唯恐事情败露，灾祸降临在自己头上，就暗地找到嫪毐作为门客，想将他奉献给太后供其淫乐。太后听说之后，真的想在暗中占有他。吕不韦就进献嫪毐，假装让人告发他犯下了该受宫刑的罪。吕不韦又暗中对太后说："你可以让嫪毐假装受了宫刑，就可以在供职宫中的人员中得到他。"太后就偷偷地送给主持宫刑的官吏许多东西，假装处罚嫪毐，拔掉了他的胡须假充宦官，这就得以侍奉太后。太后暗中和他通奸，特别喜爱他。后来太后怀孕在身，恐怕别人知道，假称算卦不吉，需要换一个环境来躲避一下，就迁移到雍地的宫殿中来居住。嫪毐总是随从左右，所受的赏赐非常优厚，事事都由嫪毐决定。嫪毐家中有奴仆几千人。那些为求得官职来当嫪毐家门客的多达一千余人。

🏛 吕不韦之死

秦始皇九年（前238），有人告发嫪毐实际并不是宦官，常常和太后淫乱私通，并生下两个儿子，把他们都隐藏起来，还和太后谋议说"若是秦王死去，就立这儿子即位"。于是秦始皇命法官严查此事，事情牵连到相国吕不韦。这年九月，秦始皇把嫪毐家三族人众全部杀死，又杀了太后所生的两个儿子，并把太后迁到雍地居住。秦王想杀掉相国吕不韦，但因其侍奉先王功劳极大，又有许多宾客辩士为他求情说好话，秦王不忍心将他绳之以法。

秦始皇十年十月，免去了吕不韦的相国职务，把吕不韦遣出京城，前往河南的封地。

又过了一年多，各诸侯国的宾客使者络绎不绝，前来问候吕不韦。秦王恐怕他发动叛乱，就写信给吕不韦说："你对秦国有何功劳？秦国封你在河南，食邑十万户。你和秦王有什么血缘关系，而号称仲父？你与家属都一概迁到蜀地去居住！"吕不韦一想到自己已经被步步紧逼，害怕日后被杀，就喝下毒酒自杀而死。

论 赞

太史公说：吕不韦带及嫪毐显贵，嫪毐封长信侯。有人告发嫪毐谋反，嫪毐听说了。秦始皇查问左右，事情还未败露。等到秦王到雍地去祭天，嫪毐唯恐大祸临头，就与同党密谋，盗用太后的印玺调集士兵在蕲年宫造反。秦王调动官兵攻打嫪毐，嫪毐失败逃走。秦兵追到好畤将其斩首，然后满门抄斩。而吕不韦也由此遭到贬斥。孔子所说的"闻"，指的正是吕不韦这种人吧！

列传 >>>

刺客列传第二十六

此传记载了春秋、战国时期的曹沫、专诸、豫让、聂政和荆轲五位著名刺客的事迹。虽然这五人的行刺或行劫的缘由、目的不尽相同,但有一点,即他们扶弱拯危、不畏强暴、为达到目的而将生死置之度外的刚烈精神是相同的。而这种精神的实质即是本传的意旨:"士为知己者死。"

曹沫劫桓

曹沫,鲁国人,凭勇敢和力气侍奉鲁庄公。曹沫任鲁国的将军,和齐国作战,多次战败。鲁庄公害怕了,就献出遂邑地区求和,还继续让曹沫任将军。

齐桓公答应和鲁庄公在柯地会见,订立盟约。桓公和庄公在盟坛上订立盟约以后,曹沫手拿匕首胁迫齐桓公,桓公的侍卫人员没有谁敢轻举妄动。桓公问:"您打算干什么?"曹沫回答说:"齐国强大,鲁国弱小,而齐国侵略鲁国也太过分了。如今鲁国都城一倒塌就会压到齐国的边境了,您要考虑考虑这个问题。"于是齐桓公答应全部归还鲁国被侵占的土地。说完以后,曹沫扔下匕首,走下盟坛,回到面向北的臣子的位置上,面不改色,谈吐从容如常。桓公很生气,打算背弃盟约。管仲说:"不可以。贪图小的利益来求得一时的快意，就会在诸侯面前丧失信用，失去天下人对您的支持，不如归还他们的失地。"于是，齐桓公就归还占领的鲁国的土地，曹沫多次打仗所丢失的土地全部回归鲁国。

专诸刺王僚

专诸，吴国堂邑人。伍子胥逃离楚国前往吴国时，知道专诸有本领。伍子胥进见吴王僚后，用攻打楚国的好处劝说他。吴公子光认为伍子胥是公报私仇，不是为吴国考虑，于是吴王就不再议伐楚的事。伍子胥知道公子光打算杀掉吴王僚，于是就把专诸推荐给公子光。

吴王僚十一年，楚平王死了。这年春天，吴王僚想趁着楚国办丧事的时候，派他的两个弟弟公子盖余、属庸率领军队包围楚国的灊城，派延陵季子到晋国，用以观察各诸侯国的动静。楚国出动军队，断绝了吴将盖余、属庸的后路，吴国军队不能归还。这时公子光对专诸说："这个机会不能失掉，不去争取，哪会获得！况且我是真正的继承人，应当立为国君，季子即使回来，也不会废掉我呀。"专诸于是请命。公子光以头叩地说："我公子光的身体，也就是您的身体，您身后的事都由我负责了。"

这年四月丙子日，公子光在地下室埋伏下身穿铠甲的武士，备办酒席宴请吴王僚，吴王僚派出卫队，从王宫一直排列到公子光的家里，门户、台阶两旁，都是吴王僚的亲信。喝酒喝到畅快的时候，公子光假装脚有毛病，进入地下室，让专诸把匕首放到烤鱼的肚子里，然后把鱼进献上去。到吴王僚跟前，专诸掰开鱼，趁势用匕首刺杀吴王僚，吴王僚当时就死了。侍卫人员也杀死了专诸，吴王僚手下的人一时混乱不堪。公子光放出埋伏的武士攻击吴王僚的部下，全部消灭了他们，于是自立为国君，这就是吴王阖闾。阖闾封专诸的儿子为上卿。

国士豫让

豫让，晋国人，没什么名声。他去侍奉智伯，智伯特别尊重宠信他。等到智伯攻打赵襄子时，赵襄子和韩、魏合谋灭了智伯。消灭智伯以后，三家分割了他的国土。赵襄子最恨智伯，就把他的头盖骨漆成饮具。豫让潜逃到山中，说："哎呀！好男儿可以为了解自己的人去死，好女子应该为爱慕自己的人梳妆打扮。现在智伯是我的知己，我一定替他报仇而献出生命，用以报答智伯，那么，我就是死了，魂魄也没有什么可惭愧的了。"于是他更名改姓，伪装成受过刑的人，进入赵襄子宫中修整厕所，身上藏着匕首，想要用它刺杀赵襄子。赵襄子到厕所去，心一悸动，鞫问修整厕所的刑人，才知道是豫让。豫让说："我要替智伯报仇！"侍卫要杀掉他。襄子说："他是义士，我谨慎小心地回避他就是了。况且智伯死后没有继承人，而他的家臣想替他报仇，这是天下的贤人啊。"最后还是把他放走了。

过了不久，豫让又把漆涂在身上，使肌肤肿烂，像得了癞疮，吞炭使声音变得嘶哑，使自己的形体相貌不可辨认，沿街讨饭，就连他的妻子也不认识他了。路上遇见他的朋友，朋友认出他来，流着眼泪说："凭着您的才能，委身侍奉赵襄子，襄子一定会亲近宠爱您。亲近宠爱您，您再干您所想干的事，难道不是很容易的吗？何苦自己摧残身体，丑化形貌，想要用这样的办法达到向赵襄子报仇的目的，不是更困难吗？"豫让说："托身侍奉人家以后，又要杀掉人家，这是怀着异心侍奉他的君主啊。我知道选择这样的做法是非常困难的，可是我之所以选择这样的做法，就是要使天下后世的那些怀着异心侍奉国君的臣子感到惭愧！"

不久，襄子正赶上外出，豫让潜藏在他必定经过的桥下。襄子来到桥上，马受惊，襄子说："这一定是豫让。"派人去查问，果然是豫让。于是襄子就列举罪过指责他说："您不是曾经侍奉过范氏、中行氏吗？智伯把他们都消灭了，而您不替他们报仇，反而托身为智伯的家臣。智伯已经死了，您为什么单单如此急切地为他报仇呢？"豫让说："我侍奉范氏、中行氏，他们都把我当作一般人看待，所以我像一般人那样报答他们。至于智伯，他把我当作国士看待，所以我就像国士那样报答他。"襄子喟然长叹，流着泪说："哎呀，豫让先生！您为智伯报仇，已算成名了；而我宽恕你，也足够了。您该自己做个打算，我不能再放过您了！"命令士兵团团围住他。豫让说："我听说贤明的君主不埋没别人的美名，而忠臣有为美名去死的道理。以前您宽恕了我，普天下没有谁不称道您的贤明。今天的事，我本当受死罪，但我希望能得到您的衣服刺它几下，这样也就达到我报仇的意愿了，那么，即使死了也没有遗恨了。我不敢指望您答应我的要求，但我还是冒昧地说出我的心意！"襄子非常赞赏他的侠义，就派人拿着自己的衣裳给豫让。豫让拔出宝剑多次跳起来击刺它，说："我可以报答智伯于九泉之下了！"于是以剑自杀。豫让自杀那天，赵国有志之士听到这个消息，都为他哭泣。

聂政刺侠累

聂政是轵邑深井里人。他杀人后为了躲避仇家，和母亲、姐姐逃往齐国，以屠宰牲畜为职业。

过了很久，濮阳严仲子侍奉韩哀侯，和韩国国相侠累结下仇怨。

严仲子怕遭杀害，逃走了。他四处游历，寻访能替他向侠累报仇的人。到了齐国，齐国有人说聂政是个勇敢之士，因为躲避仇人藏在屠夫中间。严仲子登门拜访，多次往返，然后备办了宴席，亲自捧杯给聂政的母亲敬酒。喝到畅快兴浓时，严仲子献上黄金一百镒，到聂政老母跟前祝寿。严仲子避开别人，趁机对聂政说："我有仇人，我周游好多诸侯国，都没找到为我报仇的人；但来到齐国，私下听说您很重义气，所以献上百金，作为您母亲大人一点粗粮的费用，也希望能够跟您交个朋友，哪里敢有别的索求和指望！"聂政说："我所以使心志卑下，屈辱身份，在这市场上做个屠夫，只是希望借此奉养老母；老母在世，我不敢对别人以身相许。"严仲子执意赠送，聂政却始终不肯接受。

过了很久，聂政的母亲去世，安葬后，直到丧服期满，聂政说："哎呀！我不过是平民百姓，拿着刀杀猪宰狗，而严仲子是诸侯的卿相，却不远千里，委屈身份和我结交。贤德的人因感愤于一点小的仇恨，把我这个处于偏僻的穷困屠夫视为亲信，我怎么能一味地默不作声，就此完事了呢！而今老母享尽天年，我该为了解我的人出力了。"于是就向西到濮阳，见到了严仲子。严仲子原原本本地告诉他说："我的仇人是韩国宰相侠累，侠累又是韩国国君的叔父，宗族旺盛，人丁众多，居住的地方士兵防卫严密，我要派人刺杀他，始终没有得手。如今承蒙您不嫌弃我，应允下来，请增加车骑壮士作为您的助手。"聂政说："宰相是国君的亲属，在这种情势下不能去很多人，人多了难免发生意外，走漏消息，那就等于整个韩国的人与您为仇，这难道不是太危险了吗！"于是谢绝车骑人众，辞别严仲子只身去了。

他带着宝剑到韩国都城，韩国宰相侠累正好坐在堂上，持刀荷戟的护卫很多。聂政径直而入，走上台阶刺杀侠累，侍从人员大乱。聂政高声大叫，被他击杀的有几十个人。聂政又怕连累自己的家人，于是毁坏自己的面容，挖出眼珠，剖开肚皮，流出肠子，就这样死了。

荆轲刺秦王

荆轲是卫国人，他的祖先是齐国人，后来迁移到卫国，卫国人称呼他庆卿。到燕国后，燕国人称呼他荆卿。

荆轲到燕国以后，喜欢跟一个以宰狗为业的屠夫和一个擅长击筑的叫高渐离的人交往。荆轲虽说混在酒徒中，可他的为人却深沉稳重，喜欢读书；在他游历过的诸侯各国，都是与当地的贤士豪杰和德高望重的人相结交。他到燕国后，燕国隐士田光先生也友好地对待他，知道他不是平庸的人。

过了不久，适逢在秦国做人质的燕太子丹逃回燕国。秦王嬴政对待燕太子不友好，所以太子丹因怨恨而逃归，归来就寻求报复秦王的办法。此后秦国像蚕吃桑叶一样，逐渐地侵吞各国。战火将波及燕国，燕国君臣唯恐大祸临头。于是，在田光的引见下，太子丹与荆轲共商刺杀秦王之事。太子就尊奉荆卿为上卿。

过了很长一段时间，荆轲仍没有行动的表示。这时，秦将王翦已经攻破赵国的都城，俘虏了赵王，把赵国的领土全部纳入秦国的版图。大军挺进，向北夺取土地，直到燕国南部边界。太子丹害怕了，于是请求荆轲。荆轲说："太子就是不说，我也要请求行动了。现在到秦国去，没有让秦王相信我的东西，那么秦王就不可以接近。那樊於期将军，秦王悬赏黄金千斤、封邑万户来购买他的脑袋。如果得到樊将军的脑袋和燕国督亢的地图,献给秦王,秦王一定高兴地接见我,这样我才能够有机会报效您。"

荆轲明白太子不忍心,于是就私下会见樊於期说:"现在有一句话可以解除燕国的祸患,雪洗将军的仇恨,怎么样?"於期凑向前说:"怎么办?"荆轲说:"希望得到将军的首级献给秦王,秦王一定会高兴地召见我。我左手抓住他的衣袖,右手用匕首直刺他的胸膛,那么将军的仇恨可以雪洗,而燕国被欺凌的耻辱也可以涤除了。将军是否有这个心意呢?"樊於期于是就自刎了。

当时太子已预先寻找天下最锋利的匕首,找到赵国人徐夫人的匕首,花了百金买下它,让工匠用毒水淬它,用人试验,只要见一丝儿血,没有不立刻死的。于是就准备行装,送荆轲出发,派秦舞阳做助手。

太子及宾客中知道这件事的,都穿着白衣戴着白帽为荆轲送行。到易水岸边,饯行以后就要上路,高渐离击筑,荆轲和着节拍唱歌,发出苍凉凄婉的声调,送行的人都流泪哭泣,一边向前走一边唱道:"风萧萧兮易水寒,壮士一去兮不复还!"复又发出慷慨激昂的声调,送行的人们怒目圆睁,头发直竖,把帽子都顶起来。于是荆轲就上车走了,始终连头也不回。

荆轲一到秦国,秦王听到这个消息,非常高兴,就穿上了礼服,安排了外交上极为隆重的九宾仪式,在咸阳宫召见燕国的使者。荆轲捧着樊於期的首级,秦舞阳捧着地图匣子,按照正、副使的次序前进,走到殿前台阶下秦舞阳脸色突变,害怕得发抖,大臣们都感到奇怪。荆轲回头朝秦舞阳笑笑,上前谢罪说:"北方藩属蛮夷之地的粗野人,没有见过天子,所以心惊胆战。希望大王稍微宽容他,让他能够在大王面前完成使命。"秦王对荆轲说:"递上舞阳拿的地图。"荆轲取过地图献上，秦王展开地图，图卷展到尽头，匕首露出来。荆轲趁机左手抓住秦王的衣袖，右手拿匕首直刺。未近身，秦王大惊，自己抽身跳起，衣袖挣断。慌忙抽剑，剑很长，只得先抓住剑鞘。而一时惊慌急迫，剑又套得很紧，所以不能立刻拔出。荆轲追赶秦王，秦王绕柱奔跑。这时，侍从医官夏无且用他所捧的药袋投击荆轲。正当秦王围着柱子跑，仓促慌急，不知如何是好的时候，侍从们喊道："大王，把剑推到背后拔！"秦王把剑推到背后，才拔出宝剑攻击荆轲，砍断他的左腿。荆轲身残，就举起他的匕首直接投刺秦王，没有击中，却击中了铜柱。秦王接连攻击荆轲，荆轲被刺伤八处。荆轲自知大事不能成功了，就倚在柱子上大笑，张开两腿像簸箕一样坐在地上骂道："大事之所以没能成功，是因为我想活捉你，迫使你订立归还诸侯们土地的契约回报太子。"这时侍卫们冲上前来杀死荆轲。

秦王大发雷霆，增派军队前往赵国。此后李信率军追赶太子丹，燕王听信逸言，就派使者杀了太子丹。此后五年，秦国终于灭掉了燕国，俘虏了燕王喜。

论 赞

太史公说：世人谈论荆轲，当说到太子丹的命运时，都说"天上像下雨一样落下粮食来，马头长出角来"，这说得太过了。又说荆轲刺伤了秦王，这都不是事实。当初公孙季功、董生和夏无且交游，他们都知道此事，他们告诉我的与我记载的一样。从曹沫到荆轲五个人，他们的义举有的成功，有的不成功，但他们的意志都很清楚，都没有违背自己的良心，以至名垂后世，这难道是虚妄的吗！

列 传 >>>

李斯列传第二十七

此传是《史记》中的名篇之一,有很高的史学和文学价值。本传实写李斯,虚写秦王朝的兴衰盛亡,而秦王朝的兴衰又与李斯有着密切的关联。太史公运用了细致的心理描写,将李斯倾慕荣华富贵、贪图禄位、助纣为虐的心理变化描绘得淋漓尽致。

入关事秦

李斯是楚国上蔡人。他年轻的时候,曾在郡里当小吏,看到办公处附近厕所里的老鼠在吃脏东西,每逢有人或狗走来时,就受惊逃跑。而粮仓中的老鼠,吃的是囤积的粟米,住在大屋子之下,更不用担心人或狗惊扰。于是李斯就慨然叹息道:"一个人有出息还是没出息,就如同老鼠一样,是由自己所处的环境决定的。"

于是李斯就跟荀子学习帝王治理天下的学问。学业完成之后,李斯估量楚王是不值得辅佐的,而六国国势都已衰弱,没有为它们建功立业的希望,就想西行到秦国去。到秦国之后,正赶上秦庄襄王去世,李斯就请求充当秦相国文信侯吕不韦的舍人。吕不韦很赏识他,任命他为郎官。秦王任命李斯为客卿。

谏逐客书

恰在此时，韩国人郑国以修筑灌溉渠为名，来到秦国做间谍，不久被发觉。于是秦国开始驱逐在国内的外国客卿，李斯也在计划的被驱逐者之列。于是李斯就上书说：

"听说官员们议论要驱逐客卿，我私下认为这是错误的。从前秦穆公招揽贤才，从西戎找到由余，从东边楚国的苑地得到了百里奚，从宋国迎来了蹇叔，从晋国招来了丕豹、公孙支。这五个人都不生在秦国，而秦穆公重用他们，吞并了二十多个国家，也就得以在西戎称霸。秦孝公采用商鞅的新法，移风易俗，人民因此殷实兴盛，国家因此富足强大，至今政治安定，国家强盛。秦惠王用张仪的计策，攻取了三川地区，割取了肥沃的土地，并进一步瓦解了六国的合纵联盟，使他们面向西方，侍奉秦国，功业一直延续到今天。秦昭王得范雎，废黜穰侯，驱逐华阳君，使公室强大，杜绝了私门权贵的势力，逐渐吞并诸侯的土地，终于使秦国奠定了统一天下大业的基础。这四位君主，都是依靠了别国客卿的力量。由此看来，客卿有哪一点对不起秦国呢？假使这四位君主拒绝客卿而不接受他们，疏远士人而不重用，这就使秦国既无富足之实，又无强大之名。

"而现在陛下您抛弃了百姓来帮助敌国，排斥宾客而使他们为其他诸侯国建立功业，使天下有才之士后退而不敢西行，停住脚步而不敢进入秦国，这正是人们所说的'借武器给敌人，送粮食给盗贼'啊！"

于是，秦王就废除了逐客令，恢复了李斯的官职，终于采用了他的计谋，他的官位也升到廷尉之职。二十多年后，秦王终于统一了天下，尊称君主为"皇帝"。皇帝又任命李斯为丞相。

上书焚书坑儒

秦始皇三十四年（前213），秦始皇在咸阳宫设宴招待群臣，博士仆射周青臣等人称颂秦始皇的武威盛德。齐人淳于越劝谏道："我听说殷商和周朝统治达一千多年，分封子弟及功臣作为膀臂辅翼。而现在陛下您虽统一天下，但子弟却还是平民百姓，若一旦出现了田常、六卿夺权篡位的祸患，在朝中又没有强有力的辅佐之臣，靠谁来相救呢？办事不学习古代经验而长期统治的朝代，我还没有听说过。现在周青臣等人又当面阿谀奉承以加重您的错误，不是忠臣。"始皇把这种议论交给李斯处理。李斯认为这种论点是荒谬的，因此就上书给皇帝说："古时候天下分散混乱，彼此之间互不服从，所以才诸侯并起。一般舆论都称道古代以否定当代，装点一些虚夸不实的文辞来扰乱社会的实际，人们都认为自己的一派学问最好，以否定皇帝的政策法令。现在陛下统一了天下，分辨了黑白是非，使海内共同尊崇皇帝一人；而诸子百家各个学派却在一起任意批评朝廷的法令制度，听说朝廷令下，立刻就以自己学派的观点来议论它，回家便心中不满，出门则在街头巷尾纷纷议论，以批评君主来博得名声，认为和朝廷不一样便是本领高，并带领下层群众来制造诽谤。这样下去而不加以禁止的话，上面君主的权力威望就要下降，下面私人的帮派也要形成。因此，还是以禁止为好。我请求把人们收藏的《诗》《书》和诸子百家的著作，都一概销毁清除掉。命令下达三十天之后，若还有人不服从，判处黥刑并罚做筑城苦役。不在废弃之列的，是医药、占卜、种植等类书籍。若有想学习法令的，以官吏为老师。"秦始皇批准了他的建议，没收了《诗经》《尚书》和诸子百家的著作，以便使人民愚昧无知，使天下人无法用古代之事来批评当前朝廷。修明法制，制定律令，都从秦始皇开始。统一文字，在全国各地修建离宫别馆。第二年，始皇又四处巡视，平定了四方少数民族。这些措施，李斯都出了不少力。

助纣为虐

秦始皇三十七年（前210）十月，他巡行出游。七月，秦始皇到达沙丘，不久就去世了。书信和印玺都在赵高手里，只有小儿子胡亥、丞相李斯和赵高以及五六个亲信宦官知道始皇去世，其余群臣都不知道。李斯认为皇帝在外面去世，又没正式确立太子，所以保守秘密，把始皇的尸体安放在一辆既能保温又能通风凉爽的车子中，百官奏事及进献饮食还像往常一样，宦官就假托皇帝从车中批准百官上奏的事。

赵高与公子胡亥密谋改诏篡位之事。商议完毕，赵高说："不和丞相商议，恐怕事情还不能成功，我希望能替你与丞相商议。"赵高就对丞相李斯说道："始皇去世，赐给长子扶苏诏书，命他到咸阳参加丧礼，并立为继承人。诏书未送，皇帝去世，还没人知道此事。皇帝赐给长子的诏书和符玺都在胡亥手里，立谁为太子只在于你我的一句话而已。你看这事该怎么办？"李斯说："你怎么能说出这种亡国的话呢！这不是作为人臣所应当议论的事！您还是该干什么就干什么去吧！我李斯只执行皇帝的遗诏。"赵高说："我听说圣人并不循规蹈矩，而是适应变化，顺从潮流，看到苗头就能预知根本，看到动向就能预知归宿。现如今天下的权力和命运都掌握在胡亥手里，从下面来制伏上面就是反叛。您怎么连这些都没看到呢？"李斯说："我听说晋代换太子，三代不安宁；齐桓公兄弟争夺王位，哥哥被杀死；商纣杀死亲戚，又不听从臣下劝谏，都城夷为废墟，随之危及社稷。这三件事都违背天意，所以才落得宗庙没人祭祀。我李斯还是人啊，怎么能参与这些阴谋呢！"赵高说："假如您听从我的计策，就会长保封侯，并永世相传，一定有仙人王子乔、赤松子那样的长寿，孔子、墨子那样的智慧。现在放弃这个机会而不听从我的意见，一定会祸及子孙，足以令人心寒。您想怎么办呢？"李斯仰天长叹，挥泪叹息道："哎呀！偏偏遭逢乱世，既然已经不能以死尽忠了，将向何处寄托我的命运呢！"于是李斯就依从了赵高。

于是他们就一同商议，太子胡亥顺利被立为二世皇帝，任命赵高担任郎中令，常在宫中服侍皇帝，掌握大权。

曲意阿顺

当时的法令刑罚一天比一天残酷，群臣上下人人自危，想反叛的人很多。二世又建造阿房宫，修筑直道、驰道，赋税越来越重，兵役劳役没完没了。于是从楚地征来戍边的士卒陈胜、吴广等人就起来造反，起兵于崤山以东，英雄豪杰蜂拥而起，自立为侯王，反叛秦朝。李斯多次想找机会进谏，但二世不允许。李斯的儿子李由任三川郡守，群起造反的吴广等人向西攻占地盘，任意往来，李由不能阻止。章邯在击败并驱逐了吴广等人的军队之后，派到三川去调查的使者一个接着一个，并责备李斯身居三公之位，为何让盗贼猖狂到这种地步。李斯很是害怕，又把爵位俸禄看得很重，不知如何是好，就曲意阿顺二世的心意，想求得宽容。

赵高陷害

赵高听说李斯对自己专权有不满的言论，就找到李斯说："函谷关以东地区盗贼很多，而现在皇上却加紧遣发劳役修建阿房宫，搜集狗马等没用的玩物。我想劝谏，但我的地位卑贱。而这正是您丞相应做的事，您为什么不劝谏呢？"李斯说："确实这样，我早就想说话了。可是现在皇帝不临朝听政，常居深宫之中，我虽然有话想说，想见皇帝却又没有机会。"赵高对他说："您若真能劝谏的话，请允许我替您打听，只要皇上一有空闲，我立刻通知您。"于是赵高趁二世在闲居娱乐，美女在前的时候，派人告诉丞相："皇上正有空闲，可以进宫奏事。"丞相李斯就到宫门求见，接连三次都是这样。二世非常生气。赵高又乘机说："沙丘的密谋，丞相是参与了的。现在陛下您已即位皇帝，而丞相的地位却没有提高，显然他的意思是想割地封王呀！丞相的大儿子李由担任三川郡守，楚地强盗陈胜等人都是丞相故乡邻县的人，因此他们才敢公开横行，经过三川时，李由只是守城而不出击。我曾听说他们之间有书信来往，但还没有调查清楚，所以没敢向陛下报告。更何况丞相在外，权力比陛下还大。"二世认为赵高的话没错，于是说："就把李斯交给你这郎中令查办吧！"

李斯冤死

二世派赵高审理丞相一案，查问李斯和儿子李由谋反的情状，并将其宾客和家族全部逮捕。赵高惩治李斯，拷打他一千多下，李斯不能忍受痛苦的折磨，冤屈地招供了。李斯之所以不自杀而死，是他自负且能言善辩，又对秦国有大功，确实没有反叛之心，希望能够上书为自己辩护，希望二世能觉悟过来并赦免他。于是奏书列数自己的七条罪状，实际是列数自己对秦的功绩。书呈上之后，赵高让狱吏丢在一边而不上报，说："囚犯怎能上书！"

二世二年（前208）七月，李斯被判处五刑，判在咸阳街市上腰斩。李斯出狱时，跟他的次子一同被押解，他回头对次子说："我想和你再牵着黄狗一同出上蔡东门去打猎追逐狡兔，又怎能办得到呢？"父子二人相对痛哭，三族的人都被处死了。

论 赞

太史公说：李斯以一介平民的身份，游历诸侯，入关侍奉秦国，抓住机遇，辅佐始皇完成统一大业。李斯居三公之职，算得上是很受重用了。李斯知道儒家《六经》的要旨，却不修明政治，用以弥补皇帝的过失，而是凭借他显贵的地位，阿谀附和，推行厉法酷政，听信赵高的邪说，废掉嫡子扶苏而立庶子胡亥。等到各地已经群起反叛，李斯才想直言劝谏，这不太晚了吗！人们都认为李斯忠心耿耿，反受五刑而死，但我仔细考察事情的实质，就和人们的看法不一样了。否则的话，李斯的功绩真的要和周公、召公相提并论了。

列传 >>>

淮阴侯列传第三十二

本传记述了韩信戎马倥偬的一生，颂扬了他的军事才能和累累战功。尽管如此，韩信最终落得个诛灭三族的下场。太史公对他是寄予了无限同情的。本传以细节描写和心理特征描写见长，如韩信胯下之辱、云梦被擒等细节场景和人物心理都描写得十分精彩。

胯下之辱

韩信，淮阴人。当初为平民百姓时，韩信贫穷，没有好品行，不能够被推选去做官，又不能做买卖维持生活，经常寄居在别人家吃闲饭，人们大多厌恶他。他曾经多次前往下乡南昌亭亭长处吃闲饭，接连数月，亭长的妻子嫌恶他，就大清早做好饭，端到内室床上去吃。开饭的时候，韩信去了，却不给他准备饭食。韩信也明白他们的用意。一怒之下，居然离去不再回来。

淮阴屠户中有个年轻人侮辱韩信说："你虽然长得高大，喜欢带刀佩剑，其实是个胆小鬼罢了。"又当众侮辱他说："你要不怕死，就拿剑刺我；如果怕死，就从我胯下爬过去。"于是韩信仔细地打量了他一番，低下身去，趴在地上，从他的胯下爬了过去。满街的人都笑话韩信，认为他胆小。

萧何月下追韩信

　　等到项梁率军渡过了淮河，韩信持剑追随他，做项梁的部下，却没有名声。项梁战败，又隶属项羽，项羽让他做了郎中。他屡次向项羽献策，以求重用，但项羽没有采纳。汉王刘邦入蜀，韩信脱离楚军归顺了汉王。因为没有什么名声，韩信只做了接待宾客的小官。

　　韩信多次跟萧何谈话，萧何认为他是位奇才。到达南郑时，各路将领在半路上逃跑的有几十人。韩信揣测萧何等人已多次向汉王推荐自己，汉王不任用，也就逃走了。萧何听说韩信逃跑了，来不及报告汉王，亲自追赶他。有人报告汉王说："丞相萧何逃跑了。"汉王大怒，如同失去了左右手。过了一两天，萧何来拜见汉王，汉王又是恼怒又是高兴，骂萧何道："你逃跑，为什么？"萧何说："我不敢逃跑，我去追赶逃跑的人。"汉王说："你追赶的人是谁呢？"回答说："是韩信。"汉王又骂道："各路将领逃跑了几十人，您没去追一个，却去追韩信，是骗人。"萧何说："那些将领容易得到。至于像韩信这样的杰出人物，普天之下找不出第二个人。大王果真要长期在汉中称王，自然用不着韩信，如果一定要争夺天下，除了韩信就再没有可以和您计议大事的人了。大王决意向东发展，能够重用韩信，韩信就会留下来；不能重用，韩信终究要逃跑的。"汉王说："我为了您的缘由，让他做个将军。"萧何说："即使是做将军，韩信一定不肯留下。"汉王说："任命他做大将军。"萧何说："太好了。"于是汉王就要把韩信招来任命他。萧何说："大王向来对人轻慢，不讲礼节，如今任命大将军就像呼喊小孩儿一样。这就是韩信要离去的原因啊。大王决心要任命他，要选择良辰吉日，亲自斋戒，设置高坛和广场，礼仪要完备才可以呀。"汉王答应了萧何的要求。等到任命大将军时，被任命的竟然是韩信，全军都感到惊讶。

背水一战

韩信和张耳率领几十万人马，要突破井陉口，攻击赵国。赵王、成安君陈馀听说汉军将要来袭击赵国，在井陉口聚集兵力，号称二十万大军。广武君李左车向赵王献计，并没有被采纳。

韩信派人暗中打探敌情，派出的人了解到赵王没有采纳广武君的计谋，回来报告，韩信大喜，才敢领兵进入井陉狭道。离井陉口还有三十里，停下来宿营。半夜传令出发，挑选了两千名轻装骑兵，每人拿一面红旗，从隐蔽小道上山，在山上隐蔽着观察赵国的军队。韩信告诫部下说："交战时，赵军见我军败逃，一定会倾巢出动追赶我军，你们火速冲进赵军的营垒，拔掉赵军的旗帜，竖起汉军的红旗。"又让副将传达开饭的命令，说："今天打垮了赵军正式会餐。"将领们都不相信，假意回答道："好。"韩信对手下军官说："赵军已先占据有利地形筑造了营垒，他们看不到我们大将的旗帜、仪仗，就不肯攻击我军的先头部队，怕我们到了险要的地方退回去。"韩信就派出万人为先头部队，出了井陉口，背靠河水摆开战斗队列。赵军远远望见，大笑不止。天刚蒙蒙亮，韩信设置起大将的旗帜和仪仗，大摇大摆地开出井陉口。赵军打开营垒攻击汉军，激战了很长时间。这时，韩信、张耳假装抛旗弃鼓，逃回河边的阵地。河边阵地的部队打开营门放他们进去，然后再和赵军激战。赵军果然倾巢出动，争夺汉军的旗鼓，追逐韩信、张耳。韩信、张耳已进入河边军营里。全军殊死奋战，赵军无法把他们打败。韩信预先派出去的两千轻骑兵在赵军倾巢出动去追逐战利品的时候，火速冲进赵军空虚的营垒，把赵军的旗帜全部拔掉，竖立起汉军的两千面红旗。这时，赵军已不能取胜，又不能俘获韩信等人，想要退回营垒，突然看见营垒插满了汉军的旗帜，大为震惊，以为汉军已经全部俘获了赵王的将领，军队大乱，纷纷落荒而逃，赵将即使诛杀逃兵，也不能禁止。汉军前后夹击，彻底摧垮了赵军，俘虏了大批人马，在泜水岸边生擒了赵王歇。

众将献上首级和俘虏，向韩信祝贺，趁机向韩信说："兵法上说，'行军布阵应该右边和背后靠山，前边和左边临水'。这次将军反而令我们背水列阵，说'打垮了赵军正式会餐'，我等并不信服，然而竟真取得了胜利，这是什么战术啊？"韩信回答说："这也在兵法上，只是诸位没留心罢了。兵法上不是说'陷之死地而后生，置之亡地而后存'吗？"将领们都佩服地说："好。将军的谋略不是我们所能赶得上的呀。"

平定三齐

韩信领兵向东进发，还没渡过平原津，听说汉王派郦食其已经说服齐王归顺了。韩信打算停止进军。范阳说客蒯通献计，规劝韩信继续进军。于是韩信听从他的计策，就率军渡过黄河。齐王听从郦生的规劝以后，挽留郦生开怀畅饮，撤除了防备汉军的设施。韩信乘机突袭齐国属下的军队，很快就打到国都临淄。齐王田广认为被郦生出卖了，就把他施以烹刑，而后逃往高密，派出使者前往楚国求救。韩信平定临淄以后，就向东追赶田广，一直追到高密城西。楚国也派龙且率领兵马，号称二十万,前来救援齐国。

齐王田广和司马龙且两支部队合兵一起,与韩信隔着潍水摆开阵势。韩信下令连夜赶做一万多口袋,装满沙土,堵住潍水上游,带领一半军队渡过河去,攻击龙且,假装战败,往回跑。龙且果然高兴地说:"本来我就知道韩信胆小害怕。"于是就渡过潍水追赶韩信。韩信下令挖开堵塞潍水的沙袋,河水汹涌而来,龙且的军队一多半还没渡过河去,韩信立即回师猛烈反击,杀死了龙且。龙且在潍水东岸尚未渡河的部队,见势四散逃跑,齐王田广也逃跑了。韩信追赶败兵直到城阳,把楚军士兵全部俘虏了。

汉四年(前203),韩信降服且平定了整个齐国。然后派人向汉王上书说:"为有利于当前的局势,希望允许我暂时代理齐王。"汉王怕他发生变乱,于是就派遣张良前往,册立韩信为齐王,征调他的军队攻打楚军。

狡兔死,走狗烹

齐国人蒯通知道天下胜负的关键在于韩信,想出奇计打动他,就用看相的身份规劝韩信与刘、项二王三分天下,鼎足而立。

韩信说:"汉王给我的待遇很优厚,他的车子给我坐,他的衣裳给我穿,他的食物给我吃。我听说,坐人家车子的人,要分担人家的祸患;穿人家衣裳的人,心里要想着人家的忧患;吃人家食物的人,要为人家的事业效死。我怎么能够图谋私利而背信弃义呢!"于是谢绝了蒯通。

汉五年正月,汉王改封齐王韩信为楚王,建都下邳。

韩信到了下邳,召见曾经侮辱过自己、让自己从他胯下爬过去的年轻人,任用他做了中尉,并告诉将相们说:"这是位壮士。当年他侮辱我的时候，我难道不能杀死他吗？但是杀掉他没有意义，所以我忍受了一时的侮辱而成就了今天的功业。"

汉六年，有人上书告发韩信谋反。高帝采纳陈平的计谋，假托天子外出巡视会见诸侯，派使臣通告各诸侯到陈县聚会，说："我要巡视云梦泽。"其实是要袭击韩信，韩信却不知道。高祖将要到楚国时，韩信曾想发兵反叛，又认为自己没有罪，想朝见高祖，又怕被擒。有人对韩信说："杀了锺离昧去朝见皇上，皇上一定高兴，就没有祸患了。"韩信去同锺离昧商量。锺离昧说："汉王所以不攻打楚国，是因为我在您这里。您想逮捕我取悦汉王，我今天死，您也会紧跟着死的。"于是骂韩信说："你不是个忠厚的人！"终于刎颈身死。韩信拿着他的人头，到陈县朝拜高帝。皇上命令武士捆绑了韩信，押在随行的车上。韩信说："果真像人们说的'狡兔死了，出色的猎狗就遭到烹杀；高翔的飞禽光了，优良的弓箭收藏起来；敌国破灭，谋臣死亡'。现在天下已经平安，我本来应当遭烹杀！"皇上说："有人告发你谋反。"就给韩信带上了刑具。到了洛阳，高祖赦免了韩信的罪过，改封为淮阴侯。

淮阴侯之死

韩信知道汉王畏忌自己的才能，常常托病不参加朝见和随从出行。从此，韩信日夜怨恨，在家闷闷不乐，以和绛侯、灌婴处于同等地位感到羞耻。

陈豨被任命为钜鹿郡守，向淮阴侯辞行。淮阴侯说："您管辖的地区，是天下精兵聚集的地方；而您，是陛下信任宠幸的臣子。如果有人告发说您反叛，陛下一定不会相信；再次告发，陛下就怀疑了；三次告发,陛下必然大怒而亲自率兵前来围剿。我为您在京城做内应,天下就可以取得了。"陈豨一向知道韩信的雄才大略,深信不疑,说:"我一定听从您的指教!"

汉十年,陈豨果然反叛。皇上亲自率领兵马前往,韩信托病没有随从。暗中派人到陈豨处说:"只管起兵,我在这里协助您。"韩信就和家臣商量,夜里假传诏书赦免各官府服役的罪犯和奴隶,打算发动他们去袭击吕后和太子。部署完毕,等待着陈豨的消息。他的一位家臣得罪了韩信,韩信把他囚禁起来,打算杀掉他。他的弟弟上书告变,向吕后告发了韩信准备反叛的情况。吕后打算把韩信招来,又怕他不肯就范,就和萧相国谋划,令人假说从皇上那儿来,说陈豨已被俘获处死,列侯群臣都来祝贺。萧相国欺骗韩信说:"即使有病,也要强打精神进宫祝贺吧。"韩信进宫,吕后命令武士把韩信捆起来,在长乐宫的钟室杀掉了。韩信临斩时说:"我后悔没有采纳蒯通的计谋,以至被妇女小子所欺骗,难道不是天意吗?"随后诛杀了韩信三族。

论 赞

太史公说:我到淮阴,淮阴人对我说,当韩信还是平民百姓时,他的心志就与众不同。他母亲死了,家里穷得没有钱下葬,可他还是到处寻找宽敞的坟地,让坟墓旁可以安置万户人家。我看了他母亲的坟墓,确实如此。假如韩信能够谦恭退让,不夸耀自己的战功,不自恃自己的才能,那样,他在汉朝的功勋可以和周朝的周公、召公及太公这些人相比,后世子孙就可以受享祭不绝。可是,他却没这样做,而天下已经安定,反而图谋叛乱,诛灭宗族,不也是应该的吗!

列传 >>>

张释之冯唐列传第四十二

本传是汉文帝时的杰出之士张释之、冯唐的合传。他们不仅有真知灼见，而且敢于批评最高统治者，正直进言，太史公对他们充满着景仰之情，同时在一个侧面也隐含着作者的憎恨之情。情节细致，对话精彩，人物传神，描绘生动。

◎ 智谏文帝

廷尉张释之，堵阳人，字季。和他的哥哥仲生活在一起。由于家中资财多而做了骑郎，侍奉汉文帝，十年内得不到升迁，默默无名。张释之便对他的上司说："长时间地做郎官，耗减了哥哥的资财，使人不安。我想辞职回家。"他的上司中郎将袁盎知道他德才兼备，惋惜他的离去，就请求汉文帝调补他做谒者。张释之朝见文帝后，就趋前陈说利国利民的大计方针。文帝说："说些接近现实生活的事，不要高谈阔论，说的应该现在就能实施。"于是，张释之又谈起秦汉之际的事，谈了很长时间关于秦朝灭亡和汉朝兴盛的原因。文帝很赞赏他，就提拔他做谒者仆射。

一次，张释之跟随汉文帝出行。登临虎圈，汉文帝询问书册上登记的各种禽兽的情况，问了十几个问题，上林尉只能东瞧西看，全都不能回答。看管虎圈的啬夫从旁代上林尉回答了皇帝提出的问题，答得极周全，想借此显示自己回答问题有如声响回应而且无法问倒。汉文帝说："做官吏不该像这样吗？上林尉不可依靠。"于是命令张释之让啬夫做上林尉。张释之过了一会儿才上前说："陛下认为绛侯周勃是怎样的人呢？"文帝说："是长者啊！"又再一次问："东阳侯张相如是怎样的人呢？"文帝再一次回答说："是个长者。"张释之说："绛侯与东阳侯都被称为长者，可这两个人议论事情时都不善于言谈。现在这样做，难道让人们去效法这个喋喋不休伶牙俐齿的啬夫吗？秦代由于重用了舞文弄法的官吏，所以官吏们争着以办事迅急、苛刻督责为高，然而这样做的流弊在于徒然具有官样文书的表面形式，而没有怜悯同情的实质。因为这个缘故，秦君听不到自己的过失，国势日衰，到秦二世时，秦国也就土崩瓦解了。现在陛下因为啬夫伶牙俐齿就越级提拔他，我想恐怕天下人都会追随这种风气，争相施展口舌之能而不求实际。况且在下位的人被在上的人感化，快得犹如影之随形、声之回应一样，陛下做任何事情都不可不审慎啊！"文帝说："好吧！"于是，文帝取消原来的打算，不再任命啬夫为上林令。

出任廷尉

此后不久，皇帝出巡经过长安城北的中渭桥，有一个人突然从桥下跑了出来，皇帝车驾的马受了惊。于是命令骑士捉住这个人，交给了廷尉张释之审讯。那人说："我是长安县的乡下人，听到了清道禁止人通行的命令，就躲在桥下。过了好久，我以为皇帝的队伍已经过去了，就从桥下出来，一下子看见了皇帝的车队，马上就跑起来。"然后廷尉向皇帝报告那个人应得的处罚，说他触犯了清道的禁令，应处以罚金。文帝发怒说："这个人惊了我的马，我的马幸亏驯良温和，假如是别的马，说不定就摔伤了我，可是廷尉才判处他罚金！"张释之说："法律是天子和天下人应该共同遵守的。现在法律就这样规定，却要再加重处罚，这样法律就不能取信于民。而在那时，皇上您让人立刻杀了他也就罢了。现在既然把这个人交给廷尉，廷尉是天下公正执法的带头人，稍一偏失，天下执法者就都会任意或轻或重，老百姓岂不是会手足无措？愿陛下明察。"许久，皇帝才说："廷尉的判处是正确的。"

后来，有人偷了高祖宗庙神座前的玉环，被抓到了，文帝发怒，交给廷尉治罪。张释之按法律所规定的偷盗宗庙服饰器具之罪奏报皇帝，判处死刑。皇帝勃然大怒说："这人胡作非为无法无天，竟偷盗先帝庙中的器物，我交给廷尉审理的目的，想要给他灭族的惩处，而你却一味按照法律条文把惩处意见报告我，这不是我恭敬奉承宗庙的本意啊。"张释之脱帽叩头谢罪说："依照法律这样处罚已经足够了。况且在罪名相同时，也要区别犯罪程度的轻重不同。现在他偷盗祖庙的器物就要处以灭族之罪，万一有愚蠢的人挖长陵一捧土，陛下用什么刑罚惩处他呢？"过了一些时候，文帝和薄太后谈论了这件事，才同意了廷尉的判决。当时，中尉条侯周亚夫与梁国国相山都侯王恬开看到了张释之执法论事公正，就和他结为亲密的朋友。张释之由此得到天下人的称赞。

冯唐荐魏尚

冯唐，他的祖父是战国时赵国人，他的父亲移居到了代地。汉朝建立后，又迁到安陵。冯唐以孝行著称于世，被举荐做了中郎署长，侍奉汉文帝。一次，文帝乘车经过冯唐任职的官署，问冯唐："老人家怎么还在做郎官？家在哪里？"冯唐都如实作答。汉文帝说："我在代郡时，我的尚食监高祛多次和我谈到赵将李齐的才能，讲述了他在钜鹿城下作战的情形。现在我每次吃饭时，心里总会想起钜鹿之战时的李齐。老人家知道这个人吗？"冯唐回答说："他尚且比不上廉颇、李牧的指挥才能。"汉文帝说："凭什么这样说呢？"冯唐说："我的祖父在赵国时，担任过统率士兵的职务，和李牧有很好的交情。我父亲从前做过代相，和赵将李齐也过从甚密，所以能知道他们的为人。"汉文帝听完冯唐的述说，很高兴，拍着大腿说："我偏偏得不到廉颇、李牧这样的人做将领，如果有这样的将领，我难道还忧虑匈奴吗？"冯唐说："臣诚惶诚恐，我想陛下即使得到廉颇、李牧，也不会任用他们。"汉文帝大怒，起身回宫。过了好一会儿，才又召见冯唐，责备他说："你为什么当众侮辱我？难道就不能私下告诉我吗？"冯唐谢罪说："我这个鄙陋之人，不懂得忌讳回避。"

在这时，匈奴人新近大举侵犯朝那县，杀死北地都尉孙卬。汉文帝正为此忧虑，就又一次询问冯唐："您怎么知道我不能任用廉颇、李牧呢？"冯唐回答说："我听说古时候君王派遣将军时，跪下来推着车轮说，国门以内的事我决断，国门以外的事，由将军裁定。所有军队中因功封爵奖赏的事，都由将军在外决定，归来再奏报朝廷。这不是虚夸之言呀。如今我听说魏尚做云中郡郡守，他把军市上的税金全部用来犒赏士兵，还拿出个人的薪俸，五天杀一次牛，宴请宾客、军吏、亲近左右，因此匈奴人远远躲开，不敢靠近云中郡的边关要塞。匈奴曾经入侵一次，魏尚率领军队出击，杀死很多敌军。那些士兵都是农家的子弟，从村野来参军，哪里知道军中的文书和花名册一类的东西呢？他们只知道整天拼力作战，杀敌捕俘，到幕府报功，只要有一句话不合实际情况，掌管文书的官吏就用法律条文进行制裁。应得的奖赏不能兑现，而文吏却依法必究。我愚蠢地认为陛下的法令太严明，奖赏太轻，惩罚太重。况且云中郡郡守魏尚只犯了错报多杀敌六人的罪，陛下就把他交给法官，剥夺他的爵位，判处一年的徒刑。由此说来，陛下即使得到廉颇、李牧，也是不能重用的。我确实愚蠢，触犯了禁忌，该当死罪，该当死罪！"文帝很高兴，当天就让冯唐拿着汉节前去赦免魏尚，重新让他担任云中郡郡守，而任命冯唐做车骑都尉，掌管中尉和各郡国的车战之士。

论 赞

太史公说：张释之称赞长者的一番话，和他严守法度不迎合皇帝心意的事，以及冯公谈论任用将帅的话真是耐人寻味，耐人寻味啊！俗话说：不了解那个人，看看他身边的朋友什么样就知道了。他们两位所赞许长者将帅的话，应该标著于朝廷。《尚书》说："不偏袒不结党，王道才会宽广；不结党不偏私，王道才能畅顺。"张季与冯公近似于这种说法呀！

列 传 >>>

李将军列传第四十九

"飞将军"李广是骁勇善战、智勇双全的英雄。他一生与匈奴争战七十余次,常常以少胜多,险中取胜,让匈奴人对他闻风丧胆。然而,这位战功卓著的一代名将却终身未得封爵。太史公通过对李广的悲剧的记述,鞭挞了统治者对贤能的无情与扼杀,使这篇传记具有很强的政治意义。多种文学手法的运用,如正反对比、侧面烘托等,都赋予了本传浓厚的文学色彩。

将门之后

将军李广是陇西郡成纪县人。他的祖先是秦将李信,就是追获了燕太子丹的那位将军。他的家原来在槐里县,后来搬到成纪。李广家世代传习射箭之术。文帝十四年(前166),匈奴人大举向萧关入侵,李广以良家子弟的身份参军抗击匈奴,因为他善于骑射,斩杀了许多敌人,所以被任命为汉朝廷的中郎。李广的堂弟李蔡也被任为中郎。二人又都任武骑常侍,年俸八百石。李广曾随从皇帝出行,常有冲锋陷阵、抵御敌人以及格杀猛兽的事。文帝说:"可惜啊!你没生在好时候,如果让你正赶上高祖的时代,封个万户侯那还不是轻而易举的事吗!"

智退匈奴

匈奴大举进攻上郡，天子派一名宦官跟随李广学习作战，抗击匈奴。这位宦官带领几十名骑兵飞驰，半路上遇到三个匈奴人，就与他们交战。三个匈奴人回身放箭，把宦官射伤了，几乎将他的随从骑兵全部杀光了。宦官逃回到李广那里，李广说："这一定是匈奴的射雕能手。"于是李广带上一百名骑兵前去追赶那三个匈奴人。那三个人没有马，徒步前行。走了几十里，李广命令他的骑兵左右分开，两路夹击。他亲自去射杀那三个人，射死了两个，活捉了一个，果然是匈奴的射雕手。李广将他捆绑上马后，远远望见几千名匈奴骑兵奔驰而来。他们也看到了李广，以为是诱敌的骑兵，吃惊之余跑上山去拉开了阵势。李广的百名骑兵也都十分惊恐，想回马飞驰逃跑。李广说："现在我们距离大军有几十里，照现在的情况，我们这一百名骑兵只要一跑，匈奴就要来追击射杀，我们会立刻被杀光的。现在我们停留不走，匈奴一定以为我们是为大军来诱敌的，必定不敢攻击我们。"李广下令骑兵："前进！"骑兵向前进发，到了距离匈奴阵地还有大约二里的地方停下来。李广下令说："全体下马，解下马鞍！"骑兵们说："敌人那么多，并且又离得那么近，如果有了紧急情况怎么办？"李广说："那些敌人原以为我们会逃跑，现在我们都解下马鞍表示没有逃跑之心，这样就能使他们更坚定地相信我们是诱敌之兵。"于是匈奴骑兵最终不敢来攻击。有一名骑白马的匈奴将领出阵来监护他的士兵，李广立即上马和十几名骑兵一起飞奔，将那骑白马的匈奴将领射死了，之后又回到自己的骑兵队里，解下马鞍，命士兵们都放开马，随便躺卧。这时正是黄昏时刻，匈奴军队始终觉得十分奇怪，不敢贸然进攻。到了半夜，匈奴兵又以为汉朝有伏兵在附近，想趁夜偷袭他们，因而匈奴就撤走全部人马。

飞身夺马

后来，汉朝用马邑城引诱单于，派大军埋伏在马邑两旁的山谷中，李广任骁骑将军，由护军将军韩安国统率。当时，单于察觉了汉军的计谋，就逃跑了，于是汉军都没有战功。四年以后，李广由卫尉升任为将军，从雁门关出发进攻匈奴。匈奴兵多，打败了李广的军队，并生擒了李广。单于素来就听说李广很有才能，下令说："俘获李广一定要活着送来。"匈奴骑兵俘虏了李广，当时李广受伤生病，他们就把李广放在两匹马中间，装在绳编的网兜里躺着。行了十多里，李广假装死去，斜眼看到他旁边的一个匈奴少年骑着一匹好马，李广突然飞身一跃跳上匈奴少年的马，趁势将少年推下马去，夺了他的弓，打马向南飞驰数十里，遇到他的残部，于是带领他们进入关塞。匈奴出动几百名追捕的骑兵来追赶他，李广一边逃一边用匈奴少年的弓射杀追来的骑兵，因此得以逃脱。

汉朝的飞将军

转眼间，李广在家已闲居好几年。没过多久，匈奴入侵杀死辽西太守，将韩安国将军打败了，韩将军迁调右北平。于是天子就召见李广，任命他做右北平太守。

李广驻守右北平，匈奴听说后，称他为"汉朝的飞将军"，躲避他好几年，不敢轻易向右北平入侵。

有一次，李广外出打猎，看见草里的一块石头，以为是老虎就用箭向它射去，射中了，箭头都扎进去了，过去一看，原来是块石头，根本没有老虎的影子。接着重新再射，始终不能再射进石头了。

李广为官清正廉明，得到赏赐就分给他的部下，也总与士兵在一起吃饭。李广一生共做了四十多年二千石俸禄的官，家中却没有什么财物，也从不谈及家产方面的事。李广身材高大，两臂如猿，他善于射箭也是天赋，即便是他的子孙或外人向他学习，也没人能赶得上他的。李广语言迟钝，话语不多，与别人在一起时就在地上画军阵，然后比射箭，按射中较狭窄的行列还是较宽阔的行列来判定罚谁喝酒。他平素以射箭为消遣，一直至死。李广带兵，遇到缺粮断水的地方，见到水，士兵还没有完全喝到水，李广从不靠近水；士兵还没有完全吃上饭，李广一口也不吃。李广对士兵宽厚仁爱不苛刻，因此士兵都十分爱戴他，乐于被他调遣。

征战无功

没过多久，石建去世，于是皇上召见李广，让他接替石建的职务任郎中令。元朔六年（前123），李广又被任命为后将军，跟随大将军卫青的军队从定襄出塞，讨伐匈奴。许多将领因斩杀敌人符合规定的数目，以战功而被封侯，而李广的军队却没有战功。两年后，李广以郎中令官职率领四千骑兵从右北平出塞，博望侯张骞率领一万骑兵与李广一同出征，分两条路行进。行军几百里后，匈奴左贤王率领四万骑兵包围了李广，李广的士兵都很害怕，李广就派他的儿子李敢骑马奔往匈奴军中。李敢独自和几十名骑兵飞奔，直穿匈奴骑兵阵，又从其左右两翼突出，回来向李广报告说："匈奴兵很容易对付啊！"士兵们这才放心。李广将军队布成圆形兵阵,面朝外。匈奴猛攻,箭如雨下。汉兵死了一半多,箭也快用完了。李广就命令士兵拉满弓,不要放箭,而李广亲自用大黄弩弓射杀匈奴的副将,杀死了好几个,匈奴军才渐渐散去。这时天色已晚,官兵都面无人色,可是李广却依然泰然自若,更加注意整顿军队。从此军中官兵都更加佩服他的勇敢。第二天,李广率兵又去奋力作战,博望侯的军队也赶到了,匈奴军才解围退去。汉军非常疲惫,所以也没有去追击。当时李广的军队几乎全军覆没,只好班师回朝。按汉朝的法律规定,博望侯行军迟缓,延误限期,应处死刑,用钱赎罪,降为平民。李广功过相抵,没有封赏。

慷慨自刎

元狩四年(前119),李广跟随大将军卫青出征匈奴。出边塞以后,卫青因捉到敌兵,知道了单于的驻地,就自己带领精兵去追逐单于,而命令李广和右将军的队伍合并,从东路出击。东路有些绕远,而且大军行进在缺少水草的地方,根本不能并队行进。李广就亲自请命说:"我的职务是前将军,如今大将军却命我改从东路进军,况且我从年少时就与匈奴作战,到今天才有一次与单于当面对敌的机会,我愿做前锋,先和单于决一死战。"大将军卫青曾暗中受到皇上的告诫,认为李广年老,命运不好,不要让他与单于对敌,否则恐怕不能俘获单于。大将军不答应他的请求,命令长史写文书发到李广的幕府,告诉他:"赶快到右将军部队中去,照文书上写的做。"李广不向大将军告辞就起程了,心中非常恼怒地前往军部,领兵与右将军赵食其合兵后从东路出发。军队没有向导,时常迷路,最后落在大将军之后。大将军与单于交战,单于逃跑了，卫青无功而返。大将军向南行穿过沙漠，遇到了前将军和右将军。李广谒见大将军之后，返回自己军中。大将军派长史带着干粮和酒送给李广，顺便询问李广和赵食其迷路的情况，卫青要给天子上书报告军情的详况。李广没有回答。大将军派长史急切责令李广幕府的人前去对质受审。李广说："校尉们没有罪，是我自己迷失道路，我现在亲自到大将军幕府去对质受审。"

到了大将军幕府，李广跟自己的部下说："我从少年起就与匈奴打仗，算下来大小也有七十多次。如今有幸跟随大将军出征同单于军队交战，可是大将军又调我的部队去走绕远的路，偏又迷路，难道这不是天意吗？况且我已六十多岁了，毕竟不能再受那些刀笔吏的侮辱。"于是李广就拔刀自刎了。他军中的所有官兵都为之痛哭。百姓听到这个消息，不论认识的还是不认识的，也不论老的还是少的，都为李广落下泪来。右将军赵食其被单独交给执法官吏，应判为死罪，用财物赎罪，降为平民。

论　赞

太史公说：《论语》里说："在上位的人行为端正，不下命令也能让事情实行；行为不端正，下了命令也没人听从。"这说的不就是李将军这种人吗？我所看到的李将军，老实忠厚像个乡下人，不善言辞，可在他死的那天，天下无论认识或不认识他的人，都为他尽情哀伤。他那忠实的品格确实得到了将士们的信赖呀！谚语说：桃树李树不会说话，可树下却自然地被人踩出一条小路。这话虽然说的是小事，但可以用来比喻大道理啊！

列传 >>>

卫将军骠骑列传第五十一

本文是汉代名将卫青和霍去病的合传,主要记述卫青七出边塞,霍去病六出北疆,攻讨匈奴,扬威大漠的赫赫战功。太史公写作本传的另一个用意是颂扬他们为了汉、匈人民的和平生活所做出的突出贡献。结构上主次分明,前后呼应,浑然一体。全文虽以记事为主,但却不乏精彩的战争场面描写,金戈铁马,万马奔腾,浩气千里,使读者如闻其声,很有艺术感染力。

外戚入仕

大将军卫青是平阳人,他的父亲郑季充任县中的小官吏,在平阳侯曹寿家做事的时候,曾与平阳侯的小妾卫媪通奸,生下了卫青。卫青的同母哥哥卫长子,同母姐姐卫子夫在平阳公主家得到汉武帝的宠爱,所以冒充姓卫,字仲卿。

卫青是平阳侯家的仆人,小的时候回到父亲郑季那里,父亲让他去放羊。郑季前妻生的儿子们都把他当作奴仆来对待,从不把他当兄弟看待。卫青长大后当了平阳侯家的骑兵,时常跟随在平阳公主身边。汉武帝建元二年(前139)的春天,卫青的姐姐卫子夫进入皇宫,受到武帝的宠幸。皇后陈阿娇是堂邑大长公主刘嫖的女儿,自己没生儿子就嫉妒别人。大长公主听说卫子夫受到武帝宠幸,且有了身孕,很嫉妒她,就派人逮捕了卫青,想杀死他。卫青的朋友骑郎公孙敖就和一些壮士将他抢救了出来,因此卫青才没有死。武帝听到这个消息,就招来卫青,任命他为建章宫监,加侍中官衔,连同他的同母兄弟们都得到显贵,皇上给他们的赏赐,使他们几日之间竟累积千金之多。卫子夫做了武帝的夫人。卫青升为大中大夫。

战功赫赫

元光五年(前130),卫青当了车骑将军,讨伐匈奴,从上谷出兵;太仆公孙贺做轻车将军,由云中进发;大中大夫公孙敖做骑将军,由代郡出兵;卫尉李广任骁骑将军,由雁门出兵;每军各有一万骑兵。卫青领兵到达茏城,斩杀数百敌人。骑将军公孙敖损失七千名骑兵,卫尉李广被敌人俘获,逃脱而回。公孙贺也没有功劳。

元朔元年(前128)的春天,卫子夫生了个儿子,她被立为皇后。卫青任车骑将军,从雁门关出发,率领三万骑兵攻打匈奴,斩杀几千敌人。第二年,匈奴入侵边境,武帝命令将军李息从代郡出兵攻打匈奴;又命令车骑将军卫青从云中出发,向西去攻打匈奴,直到高阙。于是卫青攻取了河南地区,直到陇西,俘虏了几千名敌人,缴获十万头牲畜,使白羊王、楼烦王逃亡。武帝封卫青为长平侯。

推功让爵

元朔五年(前124)的春天,武帝命令车骑将军卫青率领三万骑兵从高阙出兵;命令卫尉苏建做游击将军,左内史李沮做强弩将军,太仆公孙贺做骑将军，代国之相李蔡做轻车将军，他们都隶属车骑将军卫青，一同从朔方出兵；又命令大行李息、岸头侯张次公为将军，从右北平出兵。他们全都向匈奴进攻。匈奴右贤王正对着卫青等人的大兵，以为汉朝军队不能到达这里，便喝起酒来。晚上，汉军攻来，包围了右贤王。右贤王大惊，连夜奔逃，带着他的一个爱妾和几百个精壮的骑兵向北突围而去。汉朝的轻骑校尉郭成等追赶了几百里没有追上。汉军捕获了右贤王的十多个小王，男女民众一万五千余人，牲畜数万头，于是卫青便领兵凯旋。卫青的军队走到边塞，武帝派遣使者拿着大将军的官印，就在军中任命车骑将军卫青为大将军，其他将领都隶属于大将军卫青。大将军确立名号，班师回朝。武帝说："大将军卫青亲自率军杀敌，大获全胜，俘虏了十多个匈奴王，加封卫青六千户。"又封卫青的儿子卫伉为宜春侯、卫不疑为阴安侯、卫登为发干侯。卫青坚决推辞说："我侥幸地能在军队中当官，依赖陛下的英明领导，才使军队获得大捷，同时这也是各位校尉拼力奋战的结果。陛下已经降恩加封我的食邑。臣卫青的儿子们年龄还小，没有征战的功劳，蒙皇上恩宠，割地封他们三人为侯，这不是我在军队中当官，用来鼓励战士奋力抗敌的本意啊！卫伉等三人怎敢接受封赏。"天子说："我并没有忘记各位校尉的功劳，现在就要考虑他们的奖赏。"这年秋天，匈奴侵入代郡，杀死都尉朱英。

不敢专权

第二年春天，大将军卫青从定襄出兵。合骑侯公孙敖为中将军，太仆公孙贺为左将军，翕侯赵信为前将军，卫尉苏建为右将军，郎中令李广为后将军，左内史李沮为强弩将军，他们都隶属大将军，斩杀几千敌人而回。一个多月后，他们又全都从定襄出兵进攻匈奴，杀死一万多敌人。右将军苏建、前将军赵信的军队合二为一，共三千多骑兵，独遇匈奴单于的军队，同他们交战一天多，汉军将要全军覆没。前将军赵信原本是匈奴人，投降汉朝后被封为翕侯。他看到军情危急，匈奴人又引诱他，于是率领残余的八百名骑兵投降了单于。右将军苏建的军队全部损失了，独自一人逃回，自己来到大将军卫青那里。大将军卫青向军正闳、长史安和议郎周霸等征询苏建的定罪意见，说："怎样定苏建的罪？"周霸说道："自从大将军出征，不曾杀过副将。如今苏建弃军而回，可以杀苏建以显示大将军的威严。"闳和安都说："不可。兵书上说：'两军交锋，军队少的一方即使奋力拼杀，也会被军队多的一方打败。'如今苏建率几千人的军队抵御单于几万人的军队，奋力战斗了一天多，战士全部牺牲，仍然不敢有背叛汉朝的心意，自己归来。自己归来而被杀死，这是告诉战士今后如果兵败一定不要返回汉朝。不能杀苏建。"大将军卫青说："卫青我侥幸以皇帝亲戚的身份在军队中当官，不忧虑没有威严，而周霸劝我树立个人的威严，大失做人臣的旨意。况且，即使我的职权允许我斩杀有罪的将军，但是凭我尊崇的地位，不敢在国境外擅自这样做，而是把情况向天子详细报告，让天子自己裁决，由此表现出做臣子的不敢专权，不也是可以的吗？"军吏们都说："好！"于是卫青就命人将苏建关押起来，送往皇帝的所在地。卫青领兵进入边塞，停止了对匈奴的征伐。

少年将军

这一年（前123），大将军卫青的姐姐的儿子霍去病已经十八岁了，受到武帝宠爱，做了皇帝的侍中。霍去病擅长骑马射箭，两次跟随大将军出征，大将军奉皇上之命，拨给他一些勇猛的战士，任命他为骠姚校尉。他率领八百名轻捷勇敢的骑兵，径直甩开大军几百里，寻找有利时机攻杀敌人，结果他们所斩杀的敌兵数量大大超过了他们的损失。于是皇上说："骠姚校尉霍去病杀敌二千零二十八人，其中包括匈奴相国和当户，杀死单于祖父一辈的籍若侯产，活捉单于叔父罗姑比，他的功劳，在全军两次名列第一，划定一千六百户，封霍去病为冠军侯。"

河西大战

冠军侯霍去病被封侯三年后，元狩二年（前121）的春天，皇帝命冠军侯霍去病做骠骑将军，率领一万骑兵，从陇西向匈奴进攻，立下军功。武帝说："骠骑将军亲自率领战士越过乌盭山，讨伐遬濮，渡过了狐奴河，又经过五个匈奴的王国，不掳掠顺从的民众的财物，只希望捕获单于的儿子。转战六天，越过焉支山一千余里，与敌人短兵相接，杀死了折兰王，砍下了卢胡王的头，消灭其全部人马，抓获了浑邪王的儿子及匈奴相国、都尉，歼敌八千余人，缴获了休屠王的祭天金人。加封霍去病二千户。"

这年夏天，骠骑将军与合骑侯公孙敖都从北地出兵，然后分道进军；博望侯张骞、郎中令李广都从右北平出兵，也分道进军。他们都向匈奴进攻。骠骑将军出了北地后，已远远地深入匈奴之中，因合骑侯公孙敖走错了路，没能相会。骠骑将军越过居延泽，到达祁连山，捕获了很多敌人。武帝说："骠骑将军越过居延泽，攻到祁连山，俘虏酋涂王，使二千五百人投降，杀敌三万零二百人，俘虏五个匈奴小王，五个匈奴小王的母亲、单于的妻子、匈奴王子五十九个，还俘获匈奴相国、将军、当户、都尉等共六十三人，汉军大概损失十分之三官兵，增封霍去病五千户。"从此以后，骠骑将军越来越被皇上宠信，更加显贵，跟大将军卫青不相上下。

漠北大战

元狩四年（前119）的春天，武帝命令大将军卫青、骠骑将军霍去病各率五万骑兵、几十万步兵进击匈奴，运送物资的人紧跟其后。骠骑将军计划先从定襄出兵，迎击单于。后来捕到的匈奴俘虏说单于向东去了，于是就改令骠骑将军从代郡出兵，大将军卫青从定襄出兵。大军越过沙漠，连人带马共五万骑兵连同骠骑将军等都攻打匈奴的单于。赵信替单于出谋划策说："汉军已越过沙漠，人马困疲，匈奴可以坐收汉军俘虏了。"于是把他们的辎重全部运到遥远的北方，将精兵全部安插在大漠以北等待汉军。恰巧大将军卫青的军队开出塞外一千多里，看见单于的军队排成阵势等在那里。于是大将军下令让武刚车排成环形营垒，又命五千骑兵纵马奔驰，抵挡匈奴。匈奴约一万骑兵也相向奔驰而来。这时，太阳就要落山，刮起大风，沙石打在人们的脸上，两军都无法看见对方。汉军又命左右两翼急驰向前，包抄单于。单于看到汉军很多，而且战士和战马都很强大，如果双方交战则对匈奴不利。因此，傍晚时分，单于乘着大车同几百名勇猛的骑兵，一起径直冲开汉军包围圈，向西北方向奔驰而去。这时，黄昏已近，汉军同匈奴人相互厮杀，双方的死伤人数大致相当。汉军左校尉捕到匈奴俘虏，说单于在天还没黑时就已离去，于是汉军就派出轻骑兵连夜追击，大将军的军队也紧随其后。

匈奴的士兵四处逃散。直到天快亮时，汉军已追了二百余里，没有追到单于，却俘获和斩杀敌军一万多人。于是到达了寘颜山赵信城，缴获匈奴存储的粮食供给军队。汉军在那里逗留了一天，把城中剩余的粮食全部烧掉才归来。

这时，匈奴的部众十多天都没有单于的消息，右谷蠡王听到这个消息后，就自立为单于。单于后来又与他的部众会合，右谷蠡王就去掉自立的单于之名。

骠骑将军也率领五万骑兵从代郡、右北平出兵一千余里，遇上左贤王的军队，他们斩获敌兵的数量很多，远远超过了大将军卫青。出征的大军全部归来时，武帝说："骠骑将军霍去病亲率军队出征，又亲自率领所俘虏的匈奴士兵，携带少量军需物资，越过大沙漠，渡河捕获单于近臣章渠，诛杀匈奴小王比车耆，转而攻击匈奴左大将，斩杀敌将，夺取敌军军旗和战鼓。翻越离侯山，渡过弓闾河，捕获匈奴屯头王和韩王等三人，以及将军、相国、当户、都尉等八十三人。然后在狼居胥山祭天，在姑衍山祭地，登上高山遥望大漠。共俘获和杀死敌人七万零四百四十三，汉军损失十分之三士兵。划定五千八百户增封骠骑将军霍去病。"而大将军卫青没能加封，军中的官员和士卒没有被封侯的。

处事风格

卫青和霍去病率领两支大军即将出塞时，曾在边塞阅兵，当时官府和私人共十四万匹马，而当他们重回塞内时，剩下的战马还不足三万匹。于是朝廷增置大司马官位，大将军和骠骑将军都当了大司马。而且定下法令，让骠骑将军的官阶和俸禄与大将军相等。从此以后，大将军卫青的权势逐渐减弱，而骠骑将军却越来越显贵。大将军的老友和门客多半离开了他，去侍奉骠骑将军，这些人也因此得到官爵，只有任安不肯这样做。

骠骑将军为人少言寡语，从不泄密，办事有气魄，敢作敢为。武帝曾想教他孙子和吴起的兵法，他回答说："战斗时只要注意方针策略就行了，没有必要学习古代兵法。"武帝为他修建府第，让骠骑将军去察看，他回答说："匈奴还未消灭，没有心思考虑私家的事情。"从此以后，武帝更加重用和喜爱骠骑将军霍去病。但是，霍去病从少年时代起就在宫中侍奉皇帝，无比显贵，却不知体恤士卒。他出兵打仗时，天子派宫里的官吏给他送去几十车食物，等到他回来时，辎重车上丢弃了许多剩余的米和肉，而他的士卒还有忍饥挨饿的。他在塞外打仗时，士卒缺少粮食，有的人饿得都站不起来，而骠骑将军还在划定球场，玩踢球游戏。他做的事多半如此。大将军卫青的为人却是仁厚善良，有退让的精神，以宽缓柔和取悦皇上，但是民众却多不称赞他。

论　赞

太史公说：苏建曾对我说："我曾经责备大将军卫青太尊贵，而全国的贤士大夫却不称赞他，希望将军能够效仿古代那些招揽贤人的名将，尽力去做吧。大将军谢绝说：'自从魏其侯窦婴和武安侯田蚡厚待宾客，天下之人常切齿愤恨。那亲近和安抚士大夫，招选贤才，废黜不肖者的事，是国君的权柄。当大臣的只需遵守法度尽职尽责便好，何必参与招选贤士的事呢？'"骠骑将军霍去病也效法这种做法，他们当将军的就是这样。

列传 >>>

司马相如列传第五十七

本传是西汉著名文学家司马相如的传记。太史公记述了司马相如娶卓文君、通西南夷等几件事，又大量收录了他的文和赋，将对司马相如的思想的评价寄寓于他的文赋之中，也借相如之文从另一个角度来反映自己的思想，艺术手法高超。文中写司马相如与卓文君的情感故事，生动婉丽，后人称其为"唐人传奇小说之祖"。

改名相如

司马相如是蜀郡成都人，字长卿。他年少时喜欢读书，也学习剑术，所以他的父母给他取名为犬子。司马相如学成之后，很仰慕蔺相如的为人，于是改名为相如。最初，他因为家中资财的富足而做了郎官的职务，侍奉孝景帝，做了武骑常侍。但这并不是他的心中所好。恰逢汉景帝不喜欢辞赋。这时梁孝王到京城朝见景帝，跟他来的善于游说的人有齐郡人邹阳、淮阴人枚乘、吴县人庄忌先生等。相如见到这些人后很喜欢，因此就借生病为由辞去官职，旅居梁国。梁孝王让相如这些读书人居住在一起，相如才有机会与读书人和游说之士相处了好几年，于是写了《子虚赋》。

琴挑卓文君

梁孝王去世后，相如只好返回成都。然而，他的家境贫寒，又没有可以维持生活的职业。相如同临邛县令王吉一向相处得很好。临邛县里富人卓王孙家与程郑家商量说："县令有贵客，我们置办酒宴请请他怎么样？"他们一并把县令也请来了。当县令到了卓家后，卓家的客人已经有百人了。中午，他们去请司马长卿，长卿却推托有病不肯前来。临邛令见相如没来，不敢进食，亲自前去迎接相如。相如不得已，勉强来到卓家，满座的客人无不惊羡他的风采。酒兴正浓时，临邛县令走上前去，把琴放到相如面前说："我听说长卿特别喜欢弹琴，希望聆听一曲，助助兴。"相如推辞了一番，然后便弹奏了一两支曲子。卓王孙有个女儿叫文君，刚刚守寡，很喜欢音乐。所以，相如佯装与县令相互敬重，实际上是用琴声暗自诱发她的爱慕。卓文君从门缝里偷偷看他，心生欢喜，对他产生了爱慕之情，却怕他不了解自己的心情。宴会散后，相如托人用重金赏赐文君的侍者，以此向她转达倾慕之情。于是，卓文君趁着夜色逃出家门，同相如一起私奔，相如便同文君急忙赶回成都。进家一看，家中空无一物，徒立四壁。卓王孙得知女儿私奔的事，勃然大怒，说一个钱也不会分给她。过了很长时间后，文君感到不快乐，说："长卿，只要你同我一起去临邛，向兄弟们借贷也完全可以维持生活，何至于让自己困苦到这个地步！"相如就同文君来到临邛，把自己的车马全部卖掉，买下一家酒店，做卖酒生意。他让文君亲自主持垆前的酤酒及应对顾客之事，而自己穿起犊鼻裤，与雇工们一起操作忙活，在闹市中洗涤酒器。卓王孙听说这件事后，感到很羞耻，于是闭门不出。有些兄弟和长辈陆续前来劝说卓王孙道："你只有一个儿子和两个女儿，家中并不缺钱财。如今文君已经成了司马长卿的妻子，生米已经成了熟饭，长卿本来也已厌倦了离家奔波的生涯，虽然贫穷，但他确实是个人才，完全可以依靠。况且他又是县令的贵客，为什么偏偏这样轻视他呢！"卓王孙不得已，只好分给文君家奴一百人，钱一百万，以及她出嫁时的衣服被褥和各种财物。文君就同相如回到成都，置了田地房屋，成为富有的人家。

拜中郎将

过了很长一段时间，蜀郡人杨得意担任狗监，侍奉汉武帝。一天，武帝读《子虚赋》，认为写得好极了，说："我偏偏不能与这个作者同时代。"杨得意说："我的同乡人司马相如自称是他写的这篇赋。"武帝很惊喜，就把相如招来询问。相如说："是这样的。但是，此赋只写诸侯之事，不值得看。请让我写一篇天子游猎赋，写成后就进献皇上。"武帝应允了，并命令尚书给他笔和木简。相如用"子虚"这种虚构的言辞，是为了陈述楚国之美；"乌有先生"就是哪有此事，以此为齐国驳难楚国；"无是公"就是没有此人，以阐明做天子的道理。所以相如假借这三个人写成文章，用来推演天子和诸侯的苑囿的美丽景色。赋的最后一章的主旨归结到节俭上去，借以规劝皇帝。赋被进献给天子后，天子十分高兴，任命相如为郎官。无是公称说上林苑的广大，山谷、水泉和万物，以及子虚称说云梦泽所有之物甚多，奢侈淫靡，言过其实，而且也不是礼仪所崇尚的，所以删取其中的要点，归之于正道加以评论。

出使西南夷

相如担任郎官好几年后，正逢唐蒙受命掠取和开通夜郎及其西面的僰中，征发巴、蜀两郡的上千官吏士卒，西郡又多为他征调陆路及水上的一万多运输人员。他又用战时法规杀了他们的大帅，巴、蜀百姓十分惊恐。皇上听说此事后，就派相如去责备唐蒙，趁机告知巴、蜀百姓，唐蒙的所作所为并不是皇上本人的意思。

相如出使完毕，回京向汉武帝汇报。唐蒙已掠取并开通了夜郎，趁机想开通西南夷的道路，征发巴、蜀、广汉数万士卒筑路，修了两年都没有修成，士卒伤亡很多，耗费的钱财数以亿计。蜀地民众和汉朝当权者有很多人反对。这时，邛、筰的君长听说南夷已与汉朝交往，得到很多赏赐，因而大多数都想做汉朝的臣仆，希望按照南夷的待遇，请求汉朝委任官职给他们。皇上向相如询问此事，相如说："邛、筰、冉、駹等都离蜀很近，容易开通道路。秦朝时就已设置郡县，到汉朝建国时才废除。如今真要重新开通，设置为郡县，其价值超过南夷。"皇上认为相如说得很对，就任命相如为中郎将，令其持节出使。相如及随从到达蜀郡后，蜀郡太守及其属官都到郊界上迎接相如，县令背着弓箭在前面开路，蜀人都以此为荣。于是卓王孙、临邛诸位父老都凭借关系来到相如门下，献上牛和酒，与相如欢歌畅饮。这时的卓王孙常常暗自感叹，认为自己把女儿嫁给司马相如的时间太晚，便又送给文君一份丰厚的财物，这样她与儿子所分得的就相等了。司马相如平定了西南夷，邛、筰、冉、駹及斯榆的君长都请求成为汉王朝的臣子。于是拆除了旧有的关隘，扩大了边关，西边到达沫水和若水，南边到达牂柯，以此为边界，开通了灵关道，在孙水上建桥，直通邛都。相如返京报告皇上，皇上特别高兴。

上疏劝谏

相如口吃，但很擅长写文章。他做官后不愿意同公卿们一起讨论国家大事，而常借病在家闲待着，对官爵没有什么兴趣。他曾经跟随皇上到长杨宫去打猎。这时的天子喜欢亲自驰马猎杀熊和野猪等野兽的畅快感觉，相如上疏加以规劝。疏上写道：

"臣听说万物中有的虽是同类而能力却不同，兽也应该有这种情况。现在陛下喜欢登上高险的地方射击猛兽，突然遇到凶暴迅捷的野兽，在毫无戒备之时，突然狂暴进犯您的车驾和随从，车驾来不及转弯，人们也没机会施展技巧，这不是很危险吗！这本不是天子应该接近的地方。

况且，在清除了障碍的道路上行走，选择道路中央驱马奔驰，有时还会出现马口中的衔铁断裂、车轴钩心脱落的事故，更何况在高高的蓬蒿中跋涉，在荒丘废墟上奔驰。前面有捕获猎物的快乐，而内心却没有应付突发事故的准备，祸患出现是很容易的了。如果看轻君王的高贵地位，不以此为安乐，却愿意出现在虽有万全准备而仍有一丝危险的地方，我私下认为陛下不应该这样做。

所以谚语说：'家中拥有千金，不坐在堂屋的屋檐底下。'这句话虽然说的是小事，却可以用来说明大事。希望陛下留意明察。"

皇上认为司马相如说得很好。相如被授官为汉文帝的陵园令。武帝赞美子虚之事，相如从中看出皇上对仙道很感兴趣，趁机说："上林之事算不上最美好的，还有更美丽的。臣曾经写过《大人赋》，还未写完，请允许我写完后献给皇上。"相如认为传说中的众仙人居住在山林沼泽中，形体容貌特别清瘦，这不是帝王心意中的仙人，于是就写成《大人赋》。

相如向皇上献上《大人赋》,天子特别欢喜,飘飘然有凌驾云天的气概,心情好似遨游天地之间那般畅快。

留书谏封禅

相如因病免官,住在茂陵家里。天子说:"司马相如病得很厉害,可派人将他的书稿全部取回来,如果不这样做,以后就散失了。"于是派所忠前往茂陵。但是,这时相如已经死了,家中没有书。所忠询问相如的妻子书都哪儿去了,她说:"长卿从来都没有书。他时时写书,别人就时时取走,因此家中总是空空的。长卿还没死的时候,写过一卷书,他说如有使者来取书,就把它献上。此外再没有别的书了。"他留下来的书上写的是有关封禅的事,进献给所忠。所忠把书再进献给天子,天子看到此书后大为惊讶。

那书上写道:上古开始之时,由天降生万民,历经各代君王,一直到秦。沿着近代君王的足迹加以考察,聆听远古君王的遗风美名,纷纷杂杂,名声和事迹被隐没而未称道的数也数不尽。能够继承舜、禹,有尊号美谥的,封禅泰山而稍可称道者只有七十二君。顺从善道行事,没有谁不昌盛;违逆常理,不施德政,谁能长存?

《尚书》上说:"君王贤明啊,大臣杰出。"由此可见,君王的圣明没有超过唐尧的,大臣的贤良没有比得上后稷的。周公的业绩兴盛于成王时代,而其功德之高超过文王、武王二王。揣度其所始,考察其所终,并没有什么特别优异超凡的政绩,可与当今汉朝相比。然而,周人尚且走上梁父山,登上泰山,建立显贵的封号,施加尊崇的美名。伟大汉朝的恩德，像万泉奔涌，盛大恢宏，广布四方。如云雾散布，上通九天，下至八方极远之地。一切生灵，皆受恩德，和畅之气，广泛散布，威武之节，飘然远去。周朝不该封禅而封禅，汉朝应该封禅却不封禅，进让的原则，相差何其远呢？

于是大司马进谏君王修行礼仪，尊奉土地神，诚恳地竭告天神，在嵩山刻石记功，以表彰其尊贵的地位，宣扬盛明的德行，显示尊号与荣耀，承揽厚福，与百姓共享。

于是天子有所感悟地变了神色，说："好啊，我就试试看吧！"天子暗自忖度，将公卿们的建议归纳了一下，询问了封禅的具体事宜，记述恩泽的博大，推衍符瑞的富饶。

司马相如死后五年，天子才开始祭祀土地神。他死后八年，天子终于首先祭祀中岳嵩山，然后又封泰山，再到梁父山，禅肃然山。

论 赞

太史公说：《春秋》能推究到事物的极隐微处，《易经》原本隐微却能阐释得浅显，《大雅》说的是王公大人德及黎民百姓，《小雅》讥讽卑微者的得失，其流言却能影响朝廷政治。所以，言辞的外在表现虽然不同，但是其教化功能却是一致的。相如的文章虽然多借喻与夸张，主旨却归于节俭，这与《诗经》讽谏的意旨有何不同？扬雄认为相如的辞赋华丽，鼓励奢侈与倡言节俭是相等的，就如同尽情演奏郑、卫之音，而在曲终之时演奏一点雅乐一样，这不是减损了相如的辞赋价值吗？我采录了他的一些可以论述的文字，放在这篇文章中。

列传 >>>

酷吏列传第六十二

这是一篇类传，记述了以酷刑厉法为统治工具，十分凶狠残暴的几位官吏。太史公记述酷吏，实际上寄寓了自己反对苛政虐民的思想，但其中太史公也坚持了一贯的"不虚美，不隐恶"的历史实录精神，对几位酷吏身上的一些品质也进行了赞扬，显示了客观与追求实事求是的录史态度。

"苍鹰"郅都

郅都是杨县人，以郎官的身份侍奉孝文帝。景帝时期，郅都当了中郎将，敢于向朝廷直言进谏，常常在朝廷上使人当面折服。

济南姓瞷的宗族共有三百多家，蛮横奸猾，济南太守不能将他们制伏，于是汉景帝就任命郅都做济南太守。郅都来到济南郡所，就把一个家族中的首恶分子的全家都杀了，其余姓瞷的坏人都吓得大腿发抖。过了一年多，济南郡路不拾遗。周围十多个郡的郡守畏惧郅都就像畏惧上级官府一样。

郅都为人勇敢，有力气，公正廉洁，不私自拆开私人求情的信。若有人送礼，他不接受，私人的请托他不听。他常告诫自己说："已经背离父母而来这里当官，我就应当在官位上奉公尽职，保持节操而死，终究不能顾念妻子儿女。"

郅都调升中尉之官，丞相周亚夫官高而又傲慢，而郅都见到他只是作揖，并不跪拜。这时，民风淳朴，百姓都怕犯罪，都守法自重，郅都却先施行严酷的刑罚，以致执法不畏避权贵和皇亲，连列侯和皇族的人见到他都不敢正眼看他，称呼他为"苍鹰"。

临江王被召到中尉府受审，他想要书写工具给皇上写信，表示谢罪，郅都却告诉官吏不给他书写工具。魏其侯派人暗中给临江王送去书写工具。临江王给皇上写了谢罪的信，然后就自杀了。窦太后听到这个消息，大怒，用严罚加害郅都，郅都被免官归家。汉景帝派使者拿着符节任命郅都为雁门太守，并让他上路，直接去雁门上任，根据实际情况独立处理政事。后来，窦太后以汉朝律法加害郅都，景帝说郅都是忠臣，想释放他。窦太后说："难道临江王就不是忠臣吗？"于是，就把郅都杀了。

酷吏张汤

张汤，杜县人，他的父亲曾做长安县丞。张汤小的时候，有一次父亲出门去，就让他在家看门。父亲回家后发现老鼠偷了肉，就对张汤发怒，用鞭子打了他。张汤挖开鼠洞，找到偷肉的老鼠和没吃完的肉，就历数老鼠的罪行，加以拷打审问，记录审问过程，把判决的罪状报告父亲，并且把老鼠和剩肉取来，当堂定案，最后把老鼠分尸处死。他的父亲看到这种情景，又看到他的判决词就像老练的法官所写，十分震惊，于是就让他学写断案的文书。父亲死后，张汤就当了长安县的官员，做了很长时间。

武安侯田蚡做丞相，征召张汤做内史，经常向天子推荐他，于是张汤被任命为御史，处理案件。他主持处理陈皇后巫蛊案件时，深入追究同党。汉武帝认为他办事很有能力，提拔他当太中大夫。他与赵禹一起制定各种法律条文，苛刻严峻地约束在职的官吏。不久，赵禹被提升为中尉，又改任少府，而张汤当了廷尉，两人友好交往。张汤为人多诈，善施智谋控制别人。他当小官，就喜欢以权自谋私利，曾与长安富商田甲、鱼翁叔这类人勾结。待到了九卿之位时，便结交天下名士大夫，自己内心虽然同他们不合，但表面却装出仰慕他们。

　　这时，汉武帝倾心于儒家学说，张汤判决大案时就想附会儒家观点，因此请博士弟子们研究《尚书》《春秋》，担任廷尉史，让他们评判法律的可疑之处。每当他上报判决的疑难大案时，都预先将事情原委分析给皇上听，皇上认为对的，就记录下来让廷尉作为判案的法规，颂扬皇上的圣明。如果奏事遭到谴责，张汤就认错谢罪，顺着皇上的心意，一定要举出正、左右监和贤能的属吏，说："他们本来向我提议过，就像皇上责备我的那样，我没采纳，真是愚蠢啊。"因此，他的罪常被皇上宽恕不究。他所处理的案件，如果是皇上要加罪的，他就交给执法严酷的监史去办理；如果是皇上想宽恕的，他就交给执法轻而公平的监史去办理。他所处理的案件中罪人如果是豪强，则一定要玩弄法律条文，巧妙地进行诬陷；如果是平民百姓和瘦弱的人，则常常口头向皇上陈述，虽然按法律条文应当判刑，但请皇上明察秋毫。于是皇上往往就宽释了张汤所说的人。

　　张汤虽做了大官，但很注重自身的修养，与宾客交往甚密，对于老朋友当官的子弟以及贫穷的兄弟们，照顾得都很好。他拜问三公，不避寒暑。所以张汤虽然执法严酷，内心嫉妒，处事不是绝对的公平，却得到了好名声。后来张汤更加受到尊崇和信任，升为御史大夫。

河东人李文曾经同张汤有嫌隙，后来他当了御史中丞，心中怨恨张汤，屡次从宫中文书里寻找可以用来中伤张汤的材料，不留余地。张汤有个厚爱的下属叫鲁谒居，知道张汤对这件事心有不满，就让人以流言向皇上密告李文的坏事，而这事正好交给张汤处理，张汤就判决李文死罪，把他杀了，他也知道这事是鲁谒居干的。皇上问道："匿名上告李文的事是怎样发生的？"张汤假装惊讶地说："这大概是李文的老朋友怨恨他。"后来，鲁谒居病倒在同乡主人的家中，张汤亲自去探望他的病情，替鲁谒居按摩脚。赵国人以冶炼铸造为业，赵王刘彭祖屡次同朝廷派来主管铸铁的官员打官司，张汤常常打击赵王。赵王就不断查寻张汤的隐私之事。鲁谒居曾经检举过赵王，赵王怨恨他，于是就上告他们两个人说："张汤是大臣，其属官鲁谒居有病，张汤竟然给他按摩脚，我怀疑两人必定一起做了大的坏事。"这事交给廷尉处理，鲁谒居病死了，事情牵连到他的弟弟，就把他的弟弟拘禁在导官署。张汤到导官署审理别的囚犯，看到鲁谒居的弟弟后就想暗中帮助他，所以假装不察看他。鲁谒居的弟弟不知道这种情况，心里怨恨张汤，因此就让人上告张汤和鲁谒居搞阴谋，共同匿名告发了李文。这事交给减宣处理。减宣曾与张汤有嫌隙，待他接受了这件案子，把案情查得水落石出后，没有上报。正巧有人偷挖了孝文帝陵园里的殉葬钱，丞相庄青翟上朝，同张汤约定一同去谢罪。到了皇上面前，张汤心想只有丞相必须按四季巡视陵园，丞相应当谢罪，与我张汤没关系，于是不肯谢罪。丞相谢罪后，皇上派御史查办此事。张汤想按法律条文判丞相明知故纵的罪过，丞相忧心忡忡。丞相手下的三个长史都忌恨张汤，想联合起来陷害他。

最初，长史朱买臣是会稽人，攻读《春秋》。庄助让人向皇帝推荐朱买臣，朱买臣因为熟悉《楚辞》的缘故，同庄助都得到皇上的宠信，从侍中升为太中大夫。这时的张汤只是个小官，在朱买臣等面前下跪听候差遣。不久，张汤当了廷尉，办理淮南王案件，排挤庄助。朱买臣心里很怨恨张汤。等到张汤当了御史大夫，朱买臣从会稽太守的职位上调任主爵都尉，位列九卿。几年后，朱买臣因犯法罢官，代理长史，去拜见张汤，张汤坐在日常所坐的椅子上接见朱买臣，他的丞史一类的属官也不以礼对待朱买臣。朱买臣是楚地士人，深深怨恨张汤，常想找个机会把他整死。王朝是齐地人，凭着儒家学说当了右内史。边通，学习纵横家的思想学说，是个性格刚强暴虐的强悍之人，两次做济南王的丞相。从前，他们都比张汤的官大，不久都丢了官，代理长史，对张汤行屈体跪拜的礼仪。张汤屡次兼任丞相的职务，知道这三个长史原来地位很高，就常常欺压他们。因此，三位长史合谋对庄青翟说："开始张汤同你约定一起向皇上谢罪，紧接着就把你出卖了；现在又用宗庙之事控告你，这是想代替你的职位。我们知道张汤的不法隐私。"于是就派属吏逮捕并审理张汤的同案犯田信等人，说张汤将要向皇上奏请政事，田信则预先就知道，然后囤积物资，发财致富，同张汤分赃，还有其他坏事。有关此事的供词被皇上听到了，皇上对张汤说："我要做的事，商人就预先知道，于是加紧囤积那些货物，这好像有人把我的想法告诉了他们一样。"张汤不谢罪，却又假装惊讶地说："应该说一定有人这样做了。"这时减宣也上书报告张汤和鲁谒居犯法的事。天子果然以为张汤心怀狡诈,当面欺骗君主,派八批使者按记录在案的罪证审问张汤。张汤不承认这些罪过,不服。于是皇上派赵禹审问张汤。赵禹来了以后,责备张汤说:"皇上怎么可能不知道这些事呢?你办案时,被夷灭家族的有多少人啊!如今人家告你的罪状都有证据,天子难以处理你的案子,想让你自杀,何必还要对证答辩呢?"张汤就写信谢罪说:"张汤没有一点功劳,起初只当文书小吏,陛下宠信我,让我位列三公之位,无法推卸罪责,然而阴谋陷害张汤的罪人是三位长史。"然后张汤就自杀了。

张汤死时,家产总值不超过五百金,都是所得的俸禄和皇上的赏赐,没有其他产业。皇上怜惜张汤,逐渐提拔他的儿子张安世。

酷吏王温舒

王温舒是阳陵人,他年轻时常做盗墓等坏事。不久,他当了县里的亭长,多次被免职。后来当了小官,因善于处理案件升为廷史。后来侍奉张汤,升为御史。他督捕盗贼,杀伤很多人,逐渐升为广平都尉。他选择郡中十多个豪放勇敢的人当属官,做得力助手,掌握他们每个人隐秘的重大罪行,从而放手让他们去督捕盗贼。如果谁捕获盗贼使王温舒很满意,此人虽然有百种罪恶也不加惩治;若是有所回避,就依据他过去所犯的罪行杀死他,甚至将其家族灭掉。因此,齐地和赵地乡间的盗贼都不敢接近广平郡,广平郡有了路不拾遗的好名声。皇上听说后,升任王温舒为河内太守。

王温舒以前居住在广平时,对河内的豪强奸猾人家很熟悉,他前往广平后九月份就上任了。他下令郡府准备五十匹私马,从河内到长安设置了驿站,部署手下的官吏就像在广平时所用的办法一样,逮捕郡中豪强奸猾之人，从而引出相连坐犯罪的有一千余家。他上书请示皇上，罪大者灭族，罪小者处死，家中财产完全没收，偿还从前所得的赃物。奏书送走不过两三日，就得到皇上可以执行的答复。处决犯人，以至于鲜血流了十余里。河内人都奇怪王温舒的奏书，认为太神速。十二月结束了，郡里没有人敢说话，也没有人敢在夜晚行走，郊野没有因盗贼引起狗叫的现象。少数没抓到的罪犯逃到附近的郡国去了，待到把他们追捕抓回来，春天来了，王温舒跺脚叹息道："唉！如果冬季再延长一个月，我的事情就办完了。"天子听了，认为他有才能，升为中尉。他治理政事还是仿效河内的办法，调来那些著名的奸猾官吏同他一起做事，河内的有杨皆与麻戊，关中的有杨赣和成信等。

王温舒为人很不斯文，在朝廷办事常常表现得很糊涂，不辨是非，到他当中尉以后，则心智开明。他督捕盗贼，因为原来熟悉关中习俗，了解当地豪强和凶恶的官吏，所以豪强和凶恶的官吏都愿意为他出力及出谋划策。王温舒为人爱谄媚，善于巴结有权势的人，如果是没有权势的人，他对待他们就像对待奴仆一样。有权势的人家，虽然奸邪之事堆积如山，他也不去触犯。无权势的人家，即使是高贵的皇亲，他也一定会去欺侮。他玩弄法令条文，巧言诋毁奸猾的平民来威胁大的豪强。他当中尉时就这样处理政事，对于奸猾之民，一定要深究其罪，大多数都被打得皮开肉绽，烂死狱中，凡是判决有罪的，没有一个人能走出狱中。他的得力部下都像戴着帽子的猛虎一样。于是在中尉管辖范围的中等以下的奸猾之人，都隐伏不敢出来，有权势的都替他宣扬名声，称赞他的政绩。他治理了几年，手下属官多因此而富有。

王温舒攻打东越回来后，议事不合天子的旨意，犯了小法被判罪免官。这时，天子正想修建通天台而没有人力，王温舒请求考核中尉部下逃避兵役的人，查出几万人可去参加修建。皇上很高兴，任命他为少府，又改任右内史，处理政事同从前一样，奸邪之事稍被禁止。后来他犯法丢掉官职，不久又被任命为右辅，代理中尉的职务，处理政事一如往昔。

一年多以后，恰逢征讨大宛的军队出发，朝廷下令征召豪强官吏，王温舒把他的属官华成藏起来。有人告发王温舒接受皇帝侍从骑兵的贿赂和其他的坏事，罪行之重应当灭族，于是他就自杀了。这时，他的两个弟弟以及两个姻亲之家，各自都犯了其他的罪行而被灭族。光禄大夫徐自为说："可悲啊，古代有灭三族的事，而王温舒犯罪的情况竟然相当于同时夷灭五族！"

王温舒死后，他的家产有一千金。

论　赞

太史公说：从郅都到杜周十个人，都以严酷残暴而闻名。但郅都刚烈正直，辩说是非，对国家有益的事据理力争。张汤懂得观察君王的脸色而投其所好，皇上与他上下一致，国家因他而得到好处。张汤死后，法网严密，办案多诋毁严厉，政事逐渐荒废败坏。九卿之官碌碌无为，只求保护官职，防止有过错发生还来不及，哪有时间研究法律以外的事情呢？

列传 >>>

滑稽列传第六十六

本传是记述滑稽人物的类传。滑稽是言辞流利、迅捷、反应灵敏的意思,后世有诙谐幽默之意。此篇的主旨是颂扬淳于髡、优孟、优旃一类滑稽人物,虽然出身寒微,但"不流世俗,不争势利"的可贵品质,及其"谈言微中,亦可以解纷"的非凡讽谏才能。

齐国淳于髡

淳于髡是齐国的一个入赘女婿,身高不足七尺,为人滑稽,能言善辩,曾多次出使诸侯国也没受过屈辱。齐威王在位时,喜爱说隐语,又好彻夜宴饮,淫乐无度,陶醉于饮酒之中,将政事委托给卿大夫。文武百官荒淫放纵,各国都来侵犯,国家存亡就在一线之间。齐王身边近臣都不敢进谏。淳于髡用隐语来规劝齐威王说:"城中有只大鸟,落在了大王的庭院里,三年不飞又不叫,大王知道这只鸟是怎么一回事吗?"齐威王说:"这只鸟不飞则已,一飞就直冲云霄;不叫则已,一叫就使人惊异。"于是他诏令全国七十二个县的长官入朝奏事,奖赏一人,诛杀一人;又发兵御敌,诸侯十分惊恐,纷纷把侵占的土地归还齐国。齐国的声望竟维持达三十六年。

齐威王八年（前349），楚国派遣大军侵犯齐国边境。齐王派淳于髡出使赵国请求救兵，让他携带黄金百斤、驷马车十辆作为礼物。淳于髡仰天大笑，将系帽子的带子都笑断了。威王说："先生是嫌礼物太少吗？"淳于髡说："不敢！"威王说："那你笑什么，难道有什么想法吗？"淳于髡说："今天我从东边来时，看到路旁有个祈祷田神的人，拿着一个猪蹄、一杯酒，祈祷说：'高地上收获的谷物盛满篝笼，低田里收获的庄稼装满车辆；五谷繁茂丰熟，米粮堆积满仓。'我见他拿的祭品很少，而祈求的东西太多，所以笑他。"于是齐威王就把礼物增加到黄金千镒、白璧十对、驷马车百辆。淳于髡辞别威王后，来到赵国。赵王拨给他十万精兵、一千辆裹有皮革的战车。楚国听到这个消息，连夜匆忙退兵而去。

齐威王十分高兴，在后宫摆下酒宴，召见淳于髡，赐他酒喝。问他说："先生能够喝多少酒才醉？"淳于髡回答说："我喝一斗酒也能醉，喝一石酒也能醉。"威王问："先生喝一斗就醉了，怎么能喝一石呢？这是什么说法呢？"淳于髡说："大王当面赐酒给我，执法官站在旁边，御史站在背后，我心惊胆战，低头伏地地喝，喝不了一斗就醉了；假如父母有尊贵的客人来，我卷起袖子，弓着身子，举酒敬客，客人不时赏我残酒，屡次举杯敬酒应酬，喝不到两斗就醉了；假如朋友间交游，久未会面而忽然间相见了，高兴地讲述往事，互诉衷肠，喝五六斗就醉了；至于乡里之间的聚会，男女杂坐，彼此敬酒，没有时间的限制，又做六博、投壶一类的游戏，呼朋唤友，相邀成对，握手言欢不受处罚，眉目传情不遭禁止，面前有落下的耳环，背后有丢弃的发簪，此时的我最开心，喝上八斗酒也不过两三分醉意。天黑了，酒也快完了，把剩余的酒放到一起，大家促膝而坐，男女同席，鞋子混杂在一起，杯盘杂乱不堪，堂屋里的蜡烛已经熄灭，主人单留住我，而把别的客人送走，绫罗短袄的衣服已经解开，隐隐有阵阵香气传来，这时我心里最为高兴，能喝下一石酒。所以说，酒喝得过多就容易出乱子，欢乐到极点就会发生悲剧。所有的事情都是如此。"这番话是说，无论什么事情都不可走极端，到了极端就会衰败。淳于髡以此婉转地劝说齐威王。威王说："好。"于是他就停止了彻夜欢饮之事，并任用淳于髡为接待诸侯宾客的宾礼官。齐王宗室设置酒宴，淳于髡常常作陪。

楚国优孟

优孟曾是楚国的老歌舞艺人。他身高八尺，能言善辩，常用说笑的方式劝谏楚王。楚庄王很喜爱一匹马，给它穿上华美的绣花衣服，养在富丽堂皇的屋子里，睡在设有帐幔的床上，用蜜饯的枣干来喂它。马因肥胖病死了，庄王派群臣给马办丧事，要用棺盛殓，依照大夫那样的礼仪来埋葬死马。左右近臣争论此事，认为不可以这样做。庄王下令说："有谁再敢以葬马的事来进谏，就处以死刑。"优孟听到此事，走进殿门仰天大哭。庄王吃惊地问他哭的原因。优孟说："马是大王所喜爱的，凭着楚国这样强大的国家，有什么事情办不到，却用大夫的礼仪来埋葬它，太简单了！请用人君的礼仪来埋葬它。"庄王问："那怎么办？"优孟答道："我请求用雕刻花纹的美玉做内棺，用优良的梓木做外椁，用楩、枫、豫章等名贵木材做护棺的题凑，派士兵给它挖掘墓穴，让老人儿童背土填筑坟，齐国、赵国的使臣在前面陪祭，韩国、魏国的使臣在后面护卫,建立祠庙,用牛、羊、猪祭祀,拨个万户大邑来供奉。诸侯看到大王这样做,就都知道大王轻人而重马了。"庄王说:"我的过错竟到这种地步吗?该怎么办呢?"优孟说:"请大王准许按埋葬牲畜的办法来埋葬它:在地上堆个土灶当作外椁,用口铜鬲当作棺材,用姜枣来调味,用木兰来解腥,用稻米做祭品,用火光做衣服,把它安葬在人的肠胃中。"于是庄王派人把马交给了宫中主管膳食的太官,不让天下人长久传扬此事。

楚国宰相孙叔敖知道优孟是位贤人,待他很好。孙叔敖患病临终前,叮嘱他的儿子说:"我死后,你一定会很贫困。那时,你就去拜见优孟,说'我是孙叔敖的儿子'。"过了几年,孙叔敖的儿子果然十分贫困,靠卖柴为生。一次路上遇到优孟,就对优孟说:"我是孙叔敖的儿子。父亲临终前,嘱咐我贫困时就去拜见您。"优孟说:"你不要到远处去。"于是,他就立即缝制了孙叔敖的衣服帽子穿戴起来,模仿孙叔敖的言谈举止、音容笑貌。过了一年多,模仿得活像孙叔敖,连楚庄王及左右近臣都分辨不出来。楚庄王摆酒设宴,优孟上前为庄王敬酒祝福。庄王大惊,以为孙叔敖又复活了,想让他做楚相。优孟说:"请允许我回去和妻子商量此事,三日后再来就任楚相。"庄王答应了他。三日后,优孟又来见庄王。庄王问:"你妻子怎么说?"优孟说:"妻子说千万别做楚相,楚相不值得做。像孙叔敖那样的楚相,忠正清廉地治理楚国,才使楚王称霸。如今他死了,他的儿子竟无立锥之地,贫困到每天靠打柴为生。如果要像孙叔敖那样做楚相,还不如自杀。"接着唱道:"住在山野耕田辛苦,难以获得食物。出外做官,自身贪赃卑鄙,不顾廉耻。自己死后家室虽然富足,但又恐惧贪赃枉法,做下非法之事，犯下大罪，自己被杀，家室也遭诛灭。贪官哪能做呢？想要做个清官，遵纪守法，忠于职守，到死都不敢做非法之事。唉，清官又哪能做呢？像楚相孙叔敖那样一生坚持廉洁的操行，现在妻儿老小却贫困到靠打柴为生。清官实在不值得做啊！"于是，庄王向优孟道了歉，立即召见孙叔敖的儿子，把寝丘这个四百户之邑封给他，以供祭祀孙叔敖之用。自此之后，后来传到十代没有断绝。优孟的这种聪明才智，可以说是用得其所，抓住了发挥的时机。

秦国优旃

优旃是秦国的歌舞艺人，个子非常矮小，擅长说笑话，却都能合乎大道理。秦始皇时，宫中设置酒宴，正遇天降大雨，殿阶下站岗的卫士都淋着雨，受着风寒。优旃见了十分可怜他们，对他们说："你们想休息吗？"卫士们都说："很想。"优旃说："如果我叫你们，你们要很快地答应我。"过了一会儿，他进宫殿向秦始皇祝酒，高呼万岁。优旃倚着栏杆大声喊道："卫士！"卫士答道："有。"优旃说："你们虽然长得高大，有什么用？只有幸站在露天淋雨。我虽然长得矮小，却有幸在这里休息。"于是，秦始皇准许卫士减半值班，轮流交接。

秦始皇曾经计议要扩大射猎的区域，东到函谷关，西到雍县和陈仓。优旃说："好。多养些禽兽在里面，敌人从东面来侵犯时，让麋鹿用角去顶他们就可以了。"秦始皇听了这话，就停止了扩大猎场的计划。

秦二世皇帝即位，想用漆涂饰城墙。优旃说："好。皇上即使不讲,我本来也要请求您这样做的。漆城墙虽然给百姓带来愁苦和耗费,可是很美呀!城墙漆得漂漂亮亮的,敌人来了也爬不上来。这样看,涂漆倒是容易的,难办的是要找一所大房子,把漆过的城墙搁进去,使它阴干。"于是二世皇帝哈哈大笑,就将这个计划取消了。不久,二世皇帝被杀死,优旃归顺了汉朝,几年后就死了。

论 赞

　　太史公说:淳于髡仰天大笑,齐威王因而横行天下。优孟摇头唱歌,打柴为生的人因此受到封赏。优旃靠近栏杆大喊一声,阶下卫士因而得以减半值勤,轮流倒休。这些难道不都是伟大而可颂扬的吗!

列传 >>>

太史公自序第七十

《太史公自序》是《史记》的最后一篇，是《史记》的自序，也是司马迁的自传，在文中可以窥见司马迁的一生，是研究司马迁及《史记》的重要资料。《太史公自序》由三部分组成：第一部分记述世谱家学之本末及司马迁前半生的经历；第二部分阐释撰写《史记》的缘由及目的：一是父亲临终前执手相涕的嘱托，二是用《史记》上续《春秋》，又以此抒发自己心中愤恨不平之气；第三部分是《史记》一百三十篇的各篇小序。全序规模宏大，气势恢宏，汪洋恣肆，其笔力与才气令后世文人望尘莫及。

司马家族

从前，颛顼统治天下，任命南正重掌管天文，北正黎掌管地理。到唐虞的时候，又让重、黎的后代继续掌管天文、地理，一直到了夏商时期。所以，天文地理由重黎氏世代掌管。周朝的时候，程林休甫是他们的后裔。周宣王时，重黎氏因失去官守而成为司马氏，故司马氏世代掌管周史。周惠王和周襄王统治时期，司马氏离开周都，到了晋国。后来，晋国中军元帅随会逃奔秦国，司马氏也迁居少梁。

自从司马氏离开周朝之后，族人分散各地，有的在卫国，有的在赵国,有的在秦国。在卫国的,做过中山国的宰相。在赵国的,以传授剑术理论而显扬于世的蒯聩就是司马氏的后代。在秦国的名叫司马错,他曾与张仪发生争论,于是秦惠王派司马错率军攻打蜀国,攻取之后,就让他做了蜀地郡守。司马错的孙子司马靳,侍奉武安君白起。此时少梁已更名为夏阳。司马靳与武安君坑杀赵国长平军,回来后与武安君一起被赐死于杜邮,埋葬在华池。司马靳的孙子司马昌,是秦国主管冶铸铁器的官员,生活在秦始皇时代。蒯聩有一玄孙司马卬,曾为武安君部将并带兵攻占朝歌。诸侯争相为王时,司马卬在殷地称王。汉王刘邦攻打楚霸王项羽之际,司马卬归降汉王,汉以殷地为河内郡。司马昌生了一个儿子叫司马无泽,司马无泽担任汉朝市长之职。无泽生子叫司马喜,司马喜封爵五大夫,死后都埋葬在高门。司马喜生司马谈,司马谈做了太史公。

六家要旨

太史公拜唐都为师学习天文,拜杨何为师学习《易经》,又向黄子学习道家理论。太史公在建元至元封年间做官,他担心学者不能通晓各学派的要义而所学不正确,于是论述阴阳、儒、墨、名、法和道德六家的要旨说:

《周易·系辞传》说:"天下人追求相同,而具体谋虑却多种多样;达到的目的相同,而采取的途径却不一样。"阴阳家、儒家、墨家、名家、法家和道家都是致力于如何达到太平治世的学派,只是他们所遵循依从的学说却不是一个模式,有的显明,有的不显明罢了。我曾经在私下里研究过阴阳之术,发现它注重吉凶祸福的预兆,禁忌避讳颇多，使人受到束缚并多有所畏惧。但阴阳家关于一年四季交换更替的道理是不可丢弃的。儒家学说广泛但很少抓住要领，花费了气力却很少有功效，因此该学派的主张难以完全遵从；然而它推崇的君臣父子之礼、夫妇长幼之别则是不可改变的。墨家讲究勤俭各啬而难以依遵，因此该派的主张不能全部遵循，但它关于强本节用的主张，则是不可废弃的。法家主张严刑峻法却刻薄寡恩，但它辩证君臣上下名分的主张，则是不可更改的。名家使人受约束而容易失去其本身的真实性，但它辩证名与实的关系，则是不能不认真查考的。道家教导人们要精神专一，行动合乎无形之"道"，使万物丰足。道家之术是依据阴阳家关于四时交替的学说，它吸收了儒、墨两家之长，撮取名、法两家之精髓，随着时势的发展而发展，顺应事物的变化，树立良好风俗，应用于人和事，无不适宜，意旨简单扼要而容易掌握，事半功倍。儒家则不是这样。他们认为君主是天下人的表率，君主倡导，臣下应和；君主先行，臣下随从。这样一来，君主劳累而臣下却很安逸。至于大道的要旨，是舍弃刚强与贪欲，去掉聪明智慧，将这些放置一边而用智术治理天下。精神过度使用就会衰竭，身体过度劳累就会疲惫，身体和精神受到扰乱，不得安宁，却想要与天地共长久，则是从未听说过的事。

阴阳家认为四时、八位、十二度和二十四节气各有一套宜、忌规定，顺应它就会繁荣昌盛，违背它则不死即亡。这未必正确，所以说阴阳家"使人受束缚而多所畏惧"。春生、夏长、秋收、冬藏，这是自然界的重要规律，不遵循它就无法制定天下纲纪，所以说"四时的运行是不能舍弃的"。

儒家以《诗》《书》《易》《礼》《春秋》《乐》这"六艺"作为

模式，而"六艺"的原文和译版以千万计，有的几代人也不能弄通其中学问，有生之年不能穷究其礼仪，所以说儒家"学说广博但殊少抓住要领，花费了力气却很少有功效"。至于所说的君臣父子之礼、夫妇长幼之别，即使百家之说也是不能改变它的。

墨家也崇尚尧舜之道，谈论他们的品德行为说："堂口三尺高，堂下土阶只有三层，用茅草搭盖屋顶而不加修葺，用栎木做椽子而不经刮削。用陶簋吃饭，用陶刑喝汤，吃的是糙米粗饭和藜藿做的野菜羹。夏天穿葛布衣，冬天穿鹿皮裘。"墨家为死者送葬只做一副厚仅三寸的桐木棺材，送葬者恸哭而不能尽诉其哀痛。万民丧礼，必须以此为统一标准。假使天下都照此法去做，那贵贱尊卑就没有区别了。世代不同，时势变化，人们所做的事业不一定相同，所以说墨家"俭啬而难以遵从"。墨家学说强调强本节用，才是人人丰足、家家富裕之道。这是墨子学说的长处，即使百家学说也是不能废弃它的。

法家不分亲疏远近，不分贵贱尊卑，一律依据法令来决断，那么亲亲属、尊长上的恩爱关系就断绝了。这些可作为一时之计来施行，却不可长用，所以说法家"严酷而刻薄寡恩"。至于说到法家使君主尊贵，使臣下卑下，使上下名分、职分明确，不得相互逾越的主张，即使百家之说也是认同的。

名家学说细微烦琐，纠缠不清，使人不能寻求其意，一切取决于概念名称却失去了一般常理性的东西。所以说它"使人受约束而容易丧失真实性"。至于循名责实，要求名称与实际进行比较验证，则是值得认真考察的。

道家讲"无为"，又说"无不为"，其实际主张容易施行，其文辞则高深莫测，难以明白理解。道家学说以虚无为理论基础，以顺应自然为实用原则。道家认为事物没有一成不变的势头，也没有常存不变的形态，所以能够探求万物的规律。不做超越事物情理的事，也不做落后事物情理的事，所以能够成为万物的主宰。有法而不任由法以为法，要顺应时势以成其业；有度而不恃度以为度，要根据万物之形各成其度而与之相合。所以说"圣人的思想和业绩之所以不可磨灭，就在于能够顺应时势的变化。虚无是道的永恒规律，顺天应人是国君治国理民的纲要"。群臣一齐来到面前，君主应让他们各自明确自己的职分。其实际情况符合其言论名声的叫作"端"；实际情况不符合声名的叫作"窾"。不听信"窾言"（即空话），奸佞就不会产生，贤与不肖自然分清，黑白也就分明。问题在于想不想运用，只要肯运用，又有什么事是办不成的呢？这样才会合乎大道，一派混混冥冥的境界。光辉照耀天下，又重返归于无名。大凡人活着都要有精神，而精神又依托于形体存在。精神过度使用就会衰竭，形体过度劳累就会很疲惫，形、神分离就会死亡。死去的人不能复生，神、形分离便不能重新结合在一起，所以圣人非常重视这个问题。由此看来，精神是人生命的根本，形体是人生命的依托。不先安定自己的精神和身体，却在这儿空谈"我有办法治理天下"，凭借的又是什么呢？

☯ 太史自叙

太史公只执掌天文，不管民事。太史公有一个儿子叫司马迁。

司马迁生于龙门，在黄河之北、龙门山之南过种田放牧的生活。年仅十岁便已习诵古文。二十岁则开始南游江、淮地区，登会稽山，探察禹穴，游览九嶷山，泛舟于沅水、湘水之上；北渡汶水、泗水，在齐、鲁两地的都会研讨学问，考察孔子的遗风，在邹县、峄山行乡射之礼；困厄于鄱、薛、彭城，经过梁、楚之后回到家乡。于是司马迁出仕为郎中，奉命出使西征巴蜀以南，往南经略邛、筰、昆明，归来向朝廷复命。

这一年，天子开始举行汉朝的封禅典礼，而太史公滞留在周南，不能参与此事，所以心中愤懑不快，导致病危将死。其子司马迁正值出使归来之际，在黄河、洛水之间拜见了父亲。太史公握着司马迁的手哭着说："我们的先祖是周朝的太史，远在上古虞夏的时代便已显扬功名，职掌天文之事。后世衰落，今天会断绝在我手里吗？你一定要继续做太史，就会接续我们祖先的事业了。现在天子继承汉朝千年一统的大业，在泰山举行封禅典礼，而我却不能随行，这是命啊，是命啊！我死之后，你一定要做太史；做了太史，不要忘记我想要撰写的著述啊。再说孝道首先要奉养双亲，再侍奉君主，最终在于立身扬名。扬名后世来使父母显耀，这方是最大的孝道。昔日天下歌颂周公，说他能够论述歌颂文王、武王的功德，宣扬周、邵的风尚，明了太王、王季的思虑，顾及公刘的功业，并尊崇始祖后稷。周幽王、厉王以后，王道衰败，礼乐颓废，孔子研究整理旧有的典籍，修复了被废弃破坏的礼乐，论述《诗经》《尚书》，写作《春秋》，学者至今以之为准则。自获麟以来四百余年，诸侯相互兼并，史书被丢弃殆尽。如今汉朝兴起，海内统一，明主、贤君、忠臣、死义之士众多，我作为太史却未能予以论评载录，废弃了天下的修史传统，对此我甚感惶恐，你可要记在心上啊！"司马迁低下头流着眼泪说："儿子虽然愚笨，但我会详述先人所整理的历史旧闻，不敢稍有缺漏。"

司马谈去世三年后，司马迁任太史令，开始收集整理历史书籍及国家收藏的档案文献。司马迁任太史令五年，正值汉太初元年（前104），十一月甲子朔旦冬至，汉朝的历法开始改用夏正，即以农历一月为正月，天子在明堂举行实施新历法的仪式，诸神皆受瑞纪。

壶遂问难

太史公说："先人说过：'自周公死后五百年而有孔子。孔子死后到现在又是五百年，有能继承清明之世，正定《易传》，接续《春秋》，意本《诗》《书》《礼》《乐》的人吗？'其用意就在于此吧！我又怎敢推辞呢。"

上大夫壶遂问："从前孔子为什么要作《春秋》呢？"太史公说："我听董生讲，'周朝王道衰败废弛，孔子担任鲁国司寇，诸侯嫉妒陷害他，卿大夫阻挠他。孔子知道自己的意见不会被采纳，政治主张无法实行，便褒贬评定二百四十二年间的是非，作为天下评判是非的标准。贬低无道的天子，斥责为非的诸侯，声讨乱政的大夫，只为使国家政事通达而已'。孔子说：'我与其载述空洞的说教，不如举出在位者所作所为来展现他们的是非美恶，这样就更加深切显明了。'《春秋》这部书，上阐明三王的治道，下辨别人事的准则，辨别嫌疑，判明是非，坚定犹豫不决之事，褒善怨恶，尊重贤能，贱视不肖，使灭亡的国家能够存在下去，使断绝了的世系继续下去，补救衰敝之事，振兴废弛之业，这是最大的王道。《易》载述天地、阴阳、四时、五行，所以在说明变化方面见长；《礼》规范人伦，所以在行事方面见长；《书》记述先王事迹，所以在政治见解方面见长；《诗》记述山川溪谷、禽兽草木，牝牡雌雄，所以在风土人情方面见长；《乐》是论述音乐立人的经典，所以在和谐方面见长；《春秋》论辩是非，所以在治人方面见长。由此可见，《礼》是用来节制约束人的，《乐》是用来诱发人心平气和的，《书》是来述说政事的，《诗》是用来表达情意的，《易》是用来讲述变化的，《春秋》是用来论述道义的。平定乱世，使之归复正道，没有什么著作比《春秋》更切近有效。《春秋》不过数万字，而其要旨就有数千条。万物的离散聚合都在《春秋》之中。在《春秋》一书中，记载弑君事件三十六起，被灭亡的国家五十二个，诸侯出奔逃亡不能保其国家的数不胜数。考察其变乱败亡的原因，都是丢掉了作为立国立身根本的春秋大义。所以，《易》中讲'失之毫厘，差以千里'。说'臣弑君，子弑父，并非一朝一夕的缘故，是发展渐进很久的结果'。因此，做国君的不可以不知《春秋》，否则就是逸佞之徒站在面前也分辨不出，奸贼之臣紧跟在后面也不会发觉。做人臣者不可以不知《春秋》，否则就只会墨守成规却不懂得因事制宜，遇到突发事件则不知如何灵活对待。做人君、人父若不通晓《春秋》的要义，必定会蒙受首恶之名。做人臣、人子如不通晓《春秋》要义，必定会陷于篡位杀上而被诛伐的境地，并背负死罪之名。其实他们都认为是好事才去做的，只因为不懂得《春秋》大义，而背负受史家口诛笔伐的不实之言却不敢推卸罪名。如不明了礼义的要旨，就会弄到君不像君，臣不像臣，父不像父，子不像子的地步。君不像君，就会被臣子以下犯上，臣不像臣就会被诛杀，父不像父就会昏聩无道，子不像子就会忤逆不孝。这四种恶行，是天下最大的罪过。把天下最大的罪过加在他身上，也只得接受而不敢推卸。所以，《春秋》这部经典是礼义根本之所在。礼是禁绝坏事于发生之前，法规施行于坏事发生之后；法施行的作用显而易见，而礼禁绝的作用却隐而难知。"

壶遂说："孔子时候，上没有圣明君主，他处在下面又得不到任用，所以撰写《春秋》，留下一部空洞的史文来裁断礼义，当作一代帝王的法典。现在先生上遇圣明天子，下能当官供职，万事已经具备，而且全部各得其所，井然相宜，先生所要撰述的著作又阐明的是什么呢？"

太史公说："是，是啊！不，不，不完全是这么回事。我听先人说过：'伏羲最为纯厚，作《易》八卦。尧舜的强盛，《尚书》做了记载，礼乐在那时兴起。商汤周武时代的隆盛，诗人予以歌颂。《春秋》扬善贬恶，推崇夏、商、周三代盛德，褒扬周王室，并非仅仅讽刺讥斥呀。'汉朝兴建以来，至当今英明天子，获见符瑞，举行封禅大典，改订历法，变换服色，受命于上天，恩泽流布无边。海外不同习俗的国家，辗转几重到中国边关来，请求进献朝见的不可胜数。臣下百官竭力颂扬天子的功德，仍不能完全表达出他们的心意。再说士人贤能而不被任用，是做国君的耻辱；君主明圣而功德不能广泛传扬使大家都知道，是有关官员的罪过。况且我曾担任太史令的职务，若弃置天子圣明盛德而不予记载，埋没功臣、世家、贤大夫的功业而不予载述，违背先父的临终遗言，罪过就实在太大了。我所说的缀述旧事，整理有关人物的家世传记，并非所谓著作呀，而您拿它与《春秋》相比，那就错了。"

《史记》述要

于是太史公开始论述编次所得文献和材料。到了第七年，太史公遭逢李陵之祸,被囚禁狱中。于是感慨道:"这是我的罪过啊!这是我的罪过啊!身体残毁没有用了。"然而,退一步想:"《诗》《书》含义隐微而言辞简约,是作者想要表达他们的心志和情绪。从前周文王被拘禁羑里,推演了《周易》;孔子遭遇陈蔡的困厄,作有《春秋》;屈原被放逐,著写了《离骚》;左丘明双目失明,编撰了《国语》;孙子的腿受了膑刑,却论述兵法;吕不韦被贬徙蜀郡,世上才流传有《吕览》;韩非被囚禁在秦国,才写有《说难》《孤愤》;《诗》三百篇,大都是圣人贤士为抒发愤懑之情而作的。这些人都是心中聚集郁闷忧愁,理想主张不得实现,因而追述往事,想寄希望于未来。"于是终于下定决心记述陶唐以来直到武帝获麟那一年的历史,从黄帝时期开始。

从前黄帝以天为法,以地为则,颛顼、帝喾、尧、舜四位圣明帝王先后相继遵照天地法则,各建成一定法度;唐尧让位于虞舜,虞舜因觉自己不能胜其任而不悦。这些帝王的美德丰功,流传万代。作《五帝本纪》第一。

大禹治水之功,九州同享其成,光耀唐虞之际,恩德流传后世;夏桀荒淫骄横,于是被放逐鸣条。作《夏本纪》第二。

契建立商国,传到成汤;太甲被放逐居桐地悔过自新,阿衡功德隆盛;武丁得到傅说辅佐,才被称为高宗;帝辛沉湎无道,诸侯不再进贡。作《殷本纪》第三。

弃发明种谷,西伯姬昌功德隆盛;武王在牧野伐纣,安抚天下百姓;幽王、厉王昏暴淫乱,丧失了丰、镐二京;王室衰败直至赧王,洛邑断绝了周室宗庙的祭祀。作《周本纪》第四。

秦的祖先伯翳,曾经辅佐大禹;秦穆公思及君义,祭悼秦国在崤山战死的将士；穆公死后以活人殉葬，《黄鸟》一诗诉其哀伤；昭襄王开创了帝业。作《秦本纪》第五。

秦始皇即位，兼并了六国，销毁兵器，铸为钟鐻，希望干戈止息，尊号称为皇帝，耀武扬威，暴虐成性；秦二世承受国运；子婴投降做了俘虏。作《秦始皇本纪》第六。

秦朝丧失王道，豪杰群起造反；项梁开创反秦大业，项羽接续；项羽杀了庆子冠军宋义，解救了赵国，诸侯拥立他；可他诛杀子婴，背弃义帝怀王，天下都责难他。作《项羽本纪》第七。

项羽残酷暴虐，汉王建功施德；发愤于蜀、汉，率军北还平定三秦；诛灭项羽建立帝业，天下安定，又改革制度，更易风俗。作《高祖本纪》第八。

惠帝早逝，诸吕所作所为使百姓不悦；吕后提高吕禄、吕产的地位，加强他们的权力，诸侯图谋铲除他们；吕后杀害赵隐王如意，又囚杀赵幽王刘友，朝中大臣疑惧，终于导致吕氏宗族的毁灭。作《吕太后本纪》第九。

汉朝初建，惠帝死后帝位继承人不明，众臣迎立代王刘恒即位，天下信服；文帝废除肉刑，开通水陆要道，广施恩惠，死后被称为太宗。作《孝文本纪》第十。

诸侯王骄横放肆，吴王率先叛乱，朝廷派兵讨伐，叛乱七国先后服罪，天下安定，太平富裕。作《孝景本纪》第十一。

汉朝兴建五代，兴隆盛世在建元年间（前140～前135），天子外攘夷狄，内修法度，举行封禅，修订历法，改变服色。作《孝武本纪》第十二。

夏、商、周三代太久远了，具体年代已不可考，只能选取传世的谱牒旧闻，以此为据，进而大略地推断，作《三代世表》第一。

幽王、厉王之后，周朝王室逐渐衰落，诸侯各自为政，《春秋》有些未做记载；而谱牒只记概要，五霸又交替盛衰，为考察周朝各诸侯国的先后关系，作《十二诸侯年表》第二。

春秋以后，陪臣执政，强国之君竞相称王，直至秦王嬴政，终于吞并各国，铲除封地，独享尊号。作《六国年表》第三。

秦帝既暴且虐，楚人陈胜发动起义，项氏又自乱反秦阵营，汉王于是仗义征伐。八年之间，天下三易其主，事变繁多，所以详著《秦楚之际月表》第四。

汉朝兴建以来到太初已有百年，诸侯废立分削的情况，谱录记载不明，主管的官员也无法接着记下去，但可据其世系推知其强弱的缘由。作《汉兴以来诸侯王年表》第五。

高祖始取天下之际，辅佐他创业的功臣，都得到剖符封爵，恩泽传给他们的子孙后代，有的忘其亲疏远近，分不出辈分，也有的竟至身已死而封国被灭。作《高祖功臣侯者年表》第六。

惠帝、景帝年间，增封功臣宗属爵位和食邑。作《惠景间侯者年表》第七。

北面攻打强悍的匈奴，南面诛讨强劲的越人，征伐四方蛮夷，不少人以武功封侯。作《建元以来侯者年表》第八。

诸侯国日渐强大，吴楚等七国南北连成一片，诸侯王子弟众多，没有爵位封邑，朝廷下令推行恩义，分封诸侯王子弟为侯，致使王国势力日益削弱，而德义却归于朝廷。作《王子侯者年表》第九。

国家的贤相良将,是民众的表率。曾看到汉兴以来将相名臣年表,对贤者则记其治绩,对不贤者则写明其劣迹。作《汉兴以来将相名臣年表》第十。

夏、商、周三代之礼,各有所增减而不同,但总的来看,其要领都在于使礼切近人的情性,通于王道,所以礼根据人的质朴本性而制成,减掉了那些繁文缛节,大体顺应了古今之变。作《礼书》第一。

乐是用来改变风俗的。自《雅》《颂》之声兴起,人们就已经喜好郑、卫之音,郑、卫之音由来已久了。被人情所感发,那远方异俗之人就会归附。仿照已有《乐书》来论述自古以来音乐的兴衰。作《乐书》第二。

没有军队国家就不会强大,没有德政国家就不会昌盛,黄帝、商汤、周武王因深知这个道理而兴盛,夏桀、商纣、秦二世因愚昧不知此道理而亡国,怎么可以不对此慎重呢?《司马法》产生已很久了,姜太公、孙武、吴起、王子成甫能继承并有所发明,贴近近世情况,极尽人事之变。作《律书》第三。

乐律处于阴而治阳,历法处于阳而治阴,律历交替相治,其间不容许丝毫差错。原有五家之文,互相悖异不同,只有太初元年(前104)所论历法为是。作《历书》第四。

星气之书,杂有许多求福去灾、预兆吉凶的内容,荒诞不经;推究其文辞,考察其应验,并无什么特别之处。待到武帝召集专人研讨此事,并依次用轨度加以验证。作《天官书》第五。

承受天命做了帝王,封禅这样的符瑞之事是不可轻易举行的,如果举行,那么一切神灵都将受到祭祀。追溯祭祀名山大川诸神之礼。作

《封禅书》第六。

大禹治疏通河川，使九川得以安宁；及至建立宣防宫之时，河道沟渠更被疏浚。作《河渠书》第七。

钱币的流通，沟通了农业和商业；其弊端竟发展到投机取巧，兼并敛财，争相投机牟利，舍本逐末，去农经商。作《平准书》来考察事情的变化发展。这是第八。

太伯为让位给季历，避居江南蛮夷之地，文王、武王才得以发挥才智振兴周邦，发扬光大了古公亶父的王业。阖庐杀害了吴王僚，夺取了王位，降服楚国；夫差战胜齐国之后，逼杀了伍子胥并以革囊盛其尸；伯嚭亲近讨好越国，最终使吴国被越国所灭。为赞许太伯让位的美德，作《吴太伯世家》第一。

申、吕两国日益衰弱，尚父微贱坎坷，终于投奔西伯，做了文王、武王的老师；他的功劳在群臣中首屈一指，尤其擅长暗中设计权谋；当他头发斑白时，受封于齐，建都营丘，成为齐国始祖。齐桓公没有背弃与鲁国在柯地所订的盟约，事业由此昌盛，多次会合诸侯，霸功显赫。田常与监止争宠导致姜姓齐国瓦解灭亡。为赞美尚父的宏谋伟略，作《齐太公世家》第二。

诸侯和部属对周无论是依顺的，还是反抗的，周公都采取安抚政策；他努力宣扬文德，天下都积极响应；辅佐保护成王，诸侯都以周天子为天下宗主。隐公、桓公当政的时候却屡屡发生违背道德不合礼数之事，这是为什么呢？只因三桓争强，鲁国国运不昌。为赞美周公旦的《金縢》策文，作《鲁周公世家》第三。

武王战胜商纣，天下尚未安定他便驾崩。成王年幼，管叔、蔡叔怀疑周公欲篡位，淮夷也起兵叛乱，于是召公以其德高望重率先支持周公，使王室团结安定，又保证了周公东征的胜利，使东方得以安宁。直至燕王哙的禅位，才造成了祸乱。赞赏《甘棠》诗篇，作《燕召公世家》第四。

管、蔡二叔辅佐武庚，期望能安定商朝旧地；周公旦摄政，二叔不服，周公便杀死管叔鲜，流放蔡叔度，周公誓死效忠成王。太任生育有十个儿子，周室以宗族繁盛而强大。为表彰蔡仲悔过，作《管蔡世家》第五。

先王后代延继不绝，舜、禹为此感到高兴；他们的功德美好清明，后代得以承其功业。百世享受祭祀，到了周时，封有陈国、杞国，后被楚国灭掉。齐田氏时期又使陈国、杞国兴起，可见舜是位多么了不起的人啊！作《陈杞世家》第六。

收纳殷的遗民，康叔开始接受封邑。周公用商朝乱德亡国的教训来申饬他，写了《酒诰》《梓材》等文来告诫他。卫公子朔出生之后，卫国开始不再安宁；南子憎恶蒯聩，造成儿子和父亲名分颠倒。周朝统治日益衰败，各诸侯国势力却日益强大，卫国因为弱小，国君角反而最后灭亡。为赞美《康诰》，作《卫康叔世家》第七。

可叹啊，箕子！可叹啊，箕子！正确的意见没有被采纳，反被迫害至装疯为奴。武庚死后，周朝封微子于宋。宋襄公在泓水之战中受伤，又有哪位君子称道？景公有自谦爱民之德，荧惑为之退行。剔成暴虐无道，宋国因而灭亡。为赞美微子请教太师，作《宋微子世家》第八。

武王去世后，叔虞封邑于唐。君子讥讽晋穆公为儿子取名之事，武公终于灭而代之。献公宠爱骊姬，造成五世之乱；重耳不得志，却能威霸诸侯。六卿专权，晋国衰亡。为赞美文公因功得天子珪鬯，作《晋世家》第九。

重黎创下的基业被吴国继承；殷朝末年，有谱牒记述鬻子为楚国始祖。周成王任用熊绎并封其为楚子，熊渠继承先世之业。楚庄王贤明，光复陈国，赦免了郑伯之罪，又因华元之言而班师回国。怀王客死于秦，子兰将过错归咎于屈原，楚君喜欢听信阿谀奉承之话，终于被秦所吞并。为赞美庄王的德义，作《楚世家》第十。

少康之子远弃南海，文身断发，与鼋鳝相处，守在封禺山，侍奉大禹的祭祀。勾践受到夫差的囚困侮辱，于是信用文种、范蠡。为赞美勾践身在夷蛮能修其德，消灭强大吴国以尊奉周室，作《越王勾践世家》第十一。

桓公东迁，信用太史之言。庄公派兵侵犯周土，割取庄稼，受到周王臣民的非议。祭仲被宋胁迫结盟，郑国长期不得昌盛。子产的仁政，后世称道贤明。三晋侵犯征伐，郑终被韩吞并。为赞美郑厉公接纳周惠王，作《郑世家》第十二。

骥骡耳骏马使造父声名显赫。赵夙侍奉晋献公，赵衰继承了他的事业，辅佐晋文公成为国王，终于成为晋国辅臣。赵襄子被困辱，却擒捉了智伯。主父遭臣子围困，掏雀充饥，最终被活活饿死。赵王迁邪僻淫乱，贬斥迫害良将。为表彰赵鞅子讨平周王室之乱，作《赵世家》第十三。

毕万在魏封爵，卜官预测其后代必昌盛。及至魏绛羞辱杨干，负罪完成与戎翟媾和之命。文侯仰慕仁义，拜子夏为师。惠王骄傲自大，受到齐国、秦国的联合攻打。安釐王怀疑信陵君，因而诸侯疏远魏国。魏终于被秦所灭，魏王假做了厮养卒。赞美魏武子佐助晋文公创立霸业，作《魏世家》第十四。

韩厥善积阴德，赵武才得兴立。使灭国者重新振起，使废弃者得以再立，晋人都非常尊崇他。韩昭侯在诸侯中地位显要，重用申不害。韩王怀疑韩非而不予以重用，秦攻袭韩。赞赏韩厥辅佐晋君，匡正周王室的兵赋，作《韩世家》第十五。

完子避难，投奔到齐国请求援助，田氏暗施恩惠于民相继五世，齐人歌颂他。田成子夺得齐国政权，田和成为诸侯。齐王建被奸计说动，使齐迁于共邑。赞赏齐威王、齐宣王能冲破污浊之世而独尊崇周天子，作《田敬仲完世家》第十六。

周王室已经衰落，诸侯恣意妄为。孔子伤感礼乐崩废，因而钻研经术，用以重建王道，匡正乱世，使之返于正道，参阅以前的著作，为天下制定礼仪法度。留下《六艺》纲纪于后世。作《孔子世家》第十七。

桀、纣丧失王道而汤、武兴起，周失其王道而《春秋》一书问世。秦失其为政之道，陈涉发起反秦义举，诸侯相继造反，风起云涌，终于灭掉秦国。天下亡秦之端，始于陈涉发难。作《陈涉世家》第十八。

成皋台是薄氏的肇基之地。窦太后被迫到了代国，才使窦氏家族得以富贵。栗姬依仗地位尊贵而骄恃过人，王氏才得以顺达显贵。陈皇后过于娇贵，终于使子夫受到尊崇。为赞美卫子夫德行如此之好，作《外戚世家》第十九。

汉高祖设诡计在陈擒拿韩信。越、楚之民强悍轻捷，于是封其弟刘交做了楚王，建都彭城，以加强淮、泗地区的统治，成为汉王朝的宗属国。楚王刘戊溺于邪僻合谋反叛，刘礼又被封为楚王继承王业。赞赏刘交辅佐高祖,作《楚元王世家》第二十。

　　高祖率军反秦,刘贾加入其行列,后被英布攻袭,丧失了他在荆、吴的封地。营陵侯使人游说感动吕后,被封为琅琊王;被祝午诱骗轻信齐王,前往齐国不得归返,用计离开齐国,西入关中,又遇到迎立孝文帝的事,获封燕王。当天下未安定之时,刘贾、刘泽以高祖同族兄弟身份,成为其藩属。作《荆燕世家》第二十一。

　　天下平定后,高祖亲属已不多。齐悼惠王最先长大成人,被派镇守东部国土。齐哀王擅自出兵是因为对诸吕用事感到愤怒;驷钧粗暴乖戾,朝廷不准立其为帝。厉王亲属内部淫乱,终因主父偃引来杀身之祸。为表彰悼惠王刘肥为辅佐天子的股肱,作《齐悼惠王世家》第二十二。

　　楚霸王在荥阳围攻汉王,相持三年;萧何镇抚山西,按人口输送兵员,粮食供给不断,使百姓爱戴汉王,而不愿为楚王出力。作《萧相国世家》第二十三。

　　与韩信一起平定了魏地,又大败赵国,攻取齐地,削弱了楚霸王的势力。继萧何之后成为汉相国,凡事不做变更,百姓得以安宁。赞美曹参不夸耀自己的功劳和才能,作《曹相国世家》第二十四。

　　运筹策划于帷幄之中,无形之中克敌制胜,子房谋划克敌制胜之事,没有智巧之名,没有勇武之功,从易处着手解决难题,从小处着手成就大事。作《留侯世家》第二十五。

　　六出奇计都被高祖采用,诸侯归附于汉;消灭诸吕之事,陈平为主谋,终于安定王室和国家。作《陈丞相世家》第二十六。

　　诸吕勾结,图谋削弱皇室,周勃在歼灭诸吕的问题上,背离常规而合于权变之道;吴楚七国起兵叛乱,周亚夫驻军于昌邑,以扼制齐赵之军,放弃了求救的梁王。作《绛侯周勃世家》第二十七。

吴楚七国叛逆，藩屏天子的同姓王中只有梁孝王抵御敌国；但他自恃天子宠爱，夸耀前功，几乎引来杀身之祸。表彰他能抵抗吴楚叛军，作《梁孝王世家》第二十八。

五宗封王以后，天子亲属融洽和睦，诸侯或大或小皆为藩屏，大家各得其所，僭位而自诩为天子之事逐渐减少。作《五宗世家》第二十九。

当今皇上三位皇子被封为王，策文文辞典雅可观。作《三王世家》第三十。

末世争权夺利，而伯夷、叔齐兄弟却趋向仁义，为让出君位，双双饿死，天下称赞他们的美德。作《伯夷列传》第一。

晏子节俭，管仲则奢侈；齐桓公因得管仲辅佐而称霸天下，齐景公因得晏子辅佐而国治民安。作《管晏列传》第二。

李耳主张无为而治，使百姓自化于善；清心寡欲，使百姓自归于正。韩非揣度事物的实际情况，遵循事物发展的趋势和道理。作《老子韩非列传》第三。

自古做帝王的都有《司马法》，穰苴能够对其阐述发挥。作《司马穰苴列传》第四。

没有信、廉、仁、勇不能传授兵法、论说剑术，兵法剑术与道相符，内可以修身，外可以应变，君子对此重视并尊其为德。作《孙子吴起列传》第五。

太子建遇谗毁，祸及伍奢，伍尚救父，伍员逃奔吴国。作《伍子胥列传》第六。

孔子传述文德,弟子振兴其业,都为人师表,教导人们尊仁行义。作《仲尼弟子列传》第七。

商鞅离卫到秦,得以阐明实施他的治国之术,使秦孝公强盛称霸,后世遵循其法度。作《商君列传》第八。

天下忧虑连横,秦将贪得无厌,苏秦为保存诸侯利益,约定合纵联盟来抑制秦的贪婪强横。作《苏秦列传》第九。

六国合纵相互亲近,而张仪明了合纵的主张,所以能对症下药,使联合起来的诸侯再次离散瓦解。作《张仪列传》第十。

秦国之所以能够向东侵伐,称雄诸侯,是因为采用了樗里子、甘茂的良策。作《樗里子甘茂列传》第十一。

席卷河山,围困大梁,使诸侯拱手而臣服于秦国,是魏冉的功劳。作《穰侯列传》第十二。

南面攻占鄢郢,北面摧毁长平守军,进而围困赵都邯郸,武安君任主将;破楚灭赵,完全是王翦的计谋。作《白起王翦列传》第十三。

涉猎儒墨的遗文,阐明礼义的纪纲,根绝梁惠王争名逐利的念头,陈述往世的兴衰存亡。作《孟子荀卿列传》第十四。

喜爱门客、士人,士人归附薛公,为齐抵御楚、魏。作《孟尝君列传》第十五。

出于权变争得冯亭所献上党之地,为解邯郸之围亲自赴楚救赵,使其国君得以再次称雄于诸侯。作《平原君虞卿列传》第十六。

身为富贵而能尊重贫贱的人,自身贤能而能屈就不肖之徒,只有信陵君能够如此。作《魏公子列传》第十七。

舍身护主,终于逃离强秦,使游说之士向南趋赴楚国,这是黄歇的忠义所致。作《春申君列传》第十八。

能忍辱于魏齐，却扬威于强秦，推举贤能让出相位，范雎、蔡泽都有这样的美德。作《范雎蔡泽列传》第十九。

身为主将施展谋略，联合五国军队，为弱燕报复了强齐欺凌的仇恨，洗雪了燕国先君的耻辱。作《乐毅列传》第二十。

能在强秦朝廷上陈述己意，又能对廉颇忍让谦恭，以尽忠其君，将相二人名扬诸侯。作《廉颇蔺相如列传》第二十一。

齐湣王丢失临淄后逃到莒邑，只有田单凭借即墨打败敌军驱逐骑劫，才保住齐国江山。作《田单列传》第二十二。

能用巧妙的说辞解除围城之患，轻视功名利禄，却以尽其志趣为乐。作《鲁仲连邹阳列传》第二十三。

创作诗赋文章进行讽喻，连类比附来伸张正义，《离骚》有这样的特色。作《屈原贾生列传》第二十四。

与子楚结交，使各诸侯国的士人争相入秦，为秦效力。作《吕不韦列传》第二十五。

曹沫凭借匕首使鲁国重获失去的土地，也使齐君昭信于诸侯；豫让守义，忠于其君而无二心。作《刺客列传》第二十六。

能够阐明自己的谋略，顺应时势推尊秦国，终于使秦称霸于海内，李斯实为谋臣之首。作《李斯列传》第二十七。

为秦开拓疆土，增聚民众，北面击败匈奴，据黄河为要塞，依山岭为固垒，建榆中。作《蒙恬列传》第二十八。

平定赵国要塞常山，扩张河内，削弱西楚霸王的势力，彰明汉王的信义于天下。作《张耳陈馀列传》第二十九。

收拢西河、上党之兵，跟随高祖直到彭城；彭越侵掠梁地以困扰项羽。作《魏豹彭越列传》第三十。

黥布以淮南之地叛离楚国归顺汉王，汉王通过他而得到楚大司马周殷相助，最后在垓下打败项羽。作《黥布列传》第三十一。

楚军困迫汉军于京、索，韩信攻克魏、赵，平定燕、齐，使三分天下汉得其二，奠定消灭项羽的基础。作《淮阴侯列传》第三十二。

楚汉相持于巩、洛，韩信为汉将镇守颍川，卢绾断绝了项羽军队的粮饷。作《韩信卢绾列传》第三十三。

诸侯背叛项王，唯有齐王在城阳牵制项羽，使汉王得机攻入彭城。作《田儋列传》第三十四。

攻打城池，战于旷野，获功归报，樊哙、郦商是出力最多的战将，不仅随时听命汉王的驱遣，又常和汉王一起摆脱危难。作《樊郦滕灌列传》第三十五。

汉朝天下初定，文治未有统一规定，张苍担任主计，统一度量衡，编订律历。作《张丞相列传》第三十六。

游说通使，笼抚诸侯，使诸侯都亲附汉朝，归顺汉王，成为藩属辅臣。作《郦生陆贾列传》第三十七。

想要详细了解秦楚之际的事情，只有周䌵最清楚，因为他经常跟随高祖，参加平定诸侯的军事活动。作《傅靳蒯成列传》第三十八。

迁徙豪强大族，建都在关中，与匈奴和亲；明辨朝廷礼仪，制定宗庙历法。作《刘敬叔孙通列传》第三十九。

季布能改其刚戾而为柔顺，终于成为汉朝名臣；栾公不被威势所迫，刚毅不降。作《季布栾布列传》第四十。

敢于犯颜直谏，使主上言行合于道义，不顾自身安危，为国家长治久安建立长远方案。作《袁盎晁错列传》第四十一。

维护法律不失大节，言称古代贤人，增长君主之明。作《张释之冯唐列传》第四十二。

敦厚慈孝，不善言辞，敏于行事，致力于谦恭，堪为君子长者。作《万石张叔列传》第四十三。

恪守节操，恳切刚直，义足以称清廉，行足以激励贤能，担任要职而不能以无理使之屈服。作《田叔列传》第四十四。

扁鹊论医，为医家所尊奉，医术精细高明；后世遵循其法，不能改易，而仓公可谓接近扁鹊之术了。作《扁鹊仓公列传》第四十五。

刘仲被削夺王爵，其子刘濞受封做了吴王，适逢汉朝初定天下，让他镇抚江淮之间。作《吴王濞列传》第四十六。

吴、楚叛乱，宗室亲属中只有窦婴贤能且喜好士人，士人归心于他，率军在荥阳抵抗叛军。作《魏其武安侯列传》第四十七。

智谋足以应付近世之变，宽厚足以得人心。作《韩长孺列传》第四十八。

勇于抗敌，仁爱士卒，号令简明不烦琐，将士归心于他。作《李将军列传》第四十九。

自夏、商、周三代以来，匈奴常危害中原。为要了解强弱时势，设防征讨，作《匈奴列传》第五十。

拓直曲曲折折的边塞，扩展河南之地，攻破祁连山，打开通往西域各国的道路，击败北方匈奴。作《卫将军骠骑列传》第五十一。

大臣和宗室以奢侈浪费争高强，只有公孙弘节衣缩食为百官表率。

作《平津侯主父列传》第五十二。

汉朝已经平定中国，而赵佗能安定杨越以保卫南方藩属之地，纳贡尽职。作《南越列传》第五十三。

吴国叛逆，东瓯人斩杀刘濞，保卫封禺山，终成汉臣。作《东越列传》第五十四。

燕太子丹败散于辽东地区，卫满收拢其逃亡百姓，聚集海东，以安定真藩等部，保卫边塞而成为塞外之臣。作《朝鲜列传》第五十五。

唐蒙奉命出使，经略西南，通使夜郎，而邛、筰之君请求成为汉朝内臣，并接受朝廷所派官吏。作《西南夷列传》第五十六。

司马相如作《子虚赋》《大人赋》，深得君主喜欢，虽然文辞过于华丽夸张，但其旨意在于讽谏，归结于无为而治。作《司马相如列传》第五十七。

黥布叛逆，高祖少子刘长被封为那里的国王，镇守江淮之间，安抚剽悍的楚地百姓。作《淮南衡山列传》第五十八。

遵奉法律、按照情理办事的官吏，不自夸其功劳贤能，百姓对其无不称赞，也没有什么过失行为。作《循吏列传》第五十九。

端正衣冠立于朝廷，群臣没人敢说虚浮不实的话，汲长孺刚正庄重；好荐贤人，夸赞长者，郑庄慷慨有节操。作《汲郑列传》第六十。

自孔子去世以后，在京师没有谁重视学校教育，只有建元至元狩之间，文教事业灿烂辉煌。作《儒林列传》第六十一。

人们背弃本业而多耍巧使诈，作奸犯科，玩弄法律，善人也不能感化他们，只有一切依法严酷惩治才能使他们整齐划一，遵守社会秩序。作《酷吏列传》第六十二。

汉与夏通使之后，西方极远的蛮族都伸长脖子望着内地，想观瞻中国文明。作《大宛列传》第六十三。

救人于难，济人于贫，仁者有此美德；不失信用，不背诺言，义者有可取之处。作《游侠列传》第六十四。

侍奉君主能使其耳目愉快，和颜悦色，同时得到主上的亲近，这不仅是因美色招人喜爱，技能也各有所长。作《佞幸列传》第六十五。

不流于世俗，不争夺权势，上下无所阻碍，没有人能伤害他们，因其善用其道。作《滑稽列传》第六十六。

齐、楚、秦、赵占卜者，各有各的方法，随俗而定。想要总览其要旨，作《日者列传》第六十七。

夏、商、周三代君主占卜的方法不同，四方蛮夷卜筮风俗也各不相同，但都以卜筮判断吉凶祸福。粗略考察卜筮的要略，作《龟策列传》第六十八。

布衣匹夫这种平凡之人，不妨害政令，也不妨害百姓，据时买卖增殖财富，智者在他们那里也可取得借鉴。作《货殖列传》第六十九。

想我大汉王朝继承五帝的遗风，承袭三代中断的大业。周朝王道废弛，秦朝丢弃古代文化典籍，焚毁《诗经》《尚书》，所以收藏在明堂、石室、金匮中和刻在玉版上的图书和文字都散失错乱了。这时汉朝兴起，萧何修订法律，韩信申明军法，张苍制定章程，叔孙通明确礼仪，于是品学兼优的文学之士逐渐被起用。《诗经》《尚书》不断地在各地被发现。自曹参举荐盖公讲论黄老之道，而贾生、晁错通晓申不害、商鞅之法，公孙弘以儒术显贵，百年之间，天下遗文古事无不汇集于太史公。太史公父子相继执掌此职务。太史公说："呜呼！我先人曾职掌此事,扬名于唐虞之世,直至周朝,再次职掌其事,所以司马氏世代相继主掌天官之事。难道要在我这一代停止吗?敬记在心!敬记在心啊!"网罗搜集天下散失的旧闻,对帝王兴起的事迹追本溯源,既要看到它的兴盛,也要看到它的衰亡,探讨考察各代所行之事,简略推断三代,详录秦汉,上记于轩辕,下至于今,著十二本纪,已按类别加以排列。有的同时异世,年代差误不明,作十表。礼乐增减、律历改易、兵法权谋、山川鬼神、天和人的关系,趁其衰败实行变革,作八书。二十八宿列星环绕北辰,三十根车辐集于车毂,运行无穷,辅弼股肱之臣与此相当,他们忠信行道,以侍奉主上,作三十世家。有些人仗义而行,倜傥不羁,抓住时机,立功扬名于天下,作七十列传。总计一百三十篇,五十二万六千五百字,称为《太史公书》。序略,以拾遗补充六艺,成为一家之言,协合《六经》异传,整齐百家杂语,藏之于名山,留副本在京都,留待后世圣人君子观览。作《太史公自序》第七十。

太史公说:我历述黄帝以来史事至太初年止,共一百三十篇。

白话精编史记

版式设计：周　正
文字编辑：韩　飞
美术编辑：罗筱玲